いちばんやさしい
憲法入門
第6版

初宿正典・高橋正俊・米沢広一・棟居快行［著］

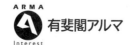

ARMA
Interest
有斐閣アルマ

第6版への *Preface*

1996年3月にこの本の初版を出版してから四半世紀近くになりますが，2017年4月発行の第5版にいたるまで，どの版も，数度の増刷を重ね，たいへん多くの大学・短大等で教科書や参考書として幅広くご利用いただいています。

しかし，今日の世界情勢はたいへん混迷の度を深めており，今や世界が非常に不安定な時代に突入していることは疑いえません。もとより私たちの憲法や法制度を取り巻く状況も例外ではなく，さまざまな点で目まぐるしく変化してきています。

そこで私たちはこのたび，こうした状況を踏まえて，新たに第6版として出版することとしました。第5版までの内容を各執筆者が全面的に見直して，up-to-date なものにするよう心掛けました。各章の冒頭の Material や末尾の Break の部分も含めて，別のものに入れ替えたり，加筆したりしたところがいくつかありますし，Step Up の部分の〔関連情報〕や〔関連判例〕にも，本文に合わせて新しい情報を加えました。しかし，この本の基本的な考え方や体裁は，これまでと変わっていません。

この新しい第6版も，これまでと同様，多くの読者に恵まれて，憲法に関わる重要で基本的な問題の一端を理解するのに役立つことを，執筆者一同，心から願うものです。

2020年2月

執筆者を代表して

初 宿 正 典

読者のみなさんへ──この本のねらいと使い方

　この本は，大学や短大の学生のみなさんのうち，とくに法学部以外の学生のみなさんを念頭におきながら，日本国憲法にかかわる21の主要なテーマについて，「いちばんやさしく」説明しようという，かなり大胆な試みです。選んだテーマは，もちろん網羅的ではありませんが，どれをとってみても，現代の憲法がかかえている重要な問題のはずです。わたしども執筆者4人は，この本を利用される読者のみなさんに，それぞれのテーマについて，教壇の上から「教える」という姿勢ではなくて，むしろ，各テーマについて読者と「いっしょに考えてみよう」という共通の姿勢に立っています。ですから，各テーマについて，必ずしもひとつのはっきりした結論を出しているわけではありません。

　各テーマについての話の進めかたはさまざまで，「対話」方式や「ゼミナール」方式，さらには「たとえ話」を使った方式なども盛り込んで，バラエティに富んだ書き方になっていますが，重要な論点は押さえられているはずです。文章のスタイルにもそれぞれの執筆者の個性がにじみ出ています。とかく「堅苦しく難しい」イメージのある憲法の問題を，楽しく読みながら学べる本になったのではないかと，自負しています。

　この本は，まず各テーマの最初のページに，新聞記事や映画，小

説やエッセイなどの抜粋を入れた Material があります。これだけでは何のテーマが扱われているのか，わからないところもあるかもしれませんが，次のページを開いて，この Material を，Theme のタイトルや憲法の条文と照らし合わせてみれば，憲法のどんな問題がテーマになっているかがわかるはずです。そのあとで Comment に進んでください。そして，もしそこで扱われているテーマに興味がわいてきて，もっと詳しく知りたいと思ったら，こんどはさらに Step Up にあげてある判例の原典に当たってみるなり，文献を読んでみるなりしてみてください。でも，この部分は当面は飛ばしていただいてもさしつかえありません。

　最後の Break は，各テーマに直接・間接にかかわりのある内外の情報のコーナーです。それ以外にも，いくつかのページの余白を利用して，Mini Window という便利な囲みコーナーを設けました。

　なお，Material に取り上げたちょっと古い文献からの引用箇所も含めて，読み方が難しいと思われるいくつかの表現には，念のためにふりがなをつけました。

　本作りは執筆者と編集者の共同作業です。この本については，とくにそういう気持ちを強くもちました。編集者の立場からこの共同作業に大いなる熱意をもってたずさわってくださった有斐閣編集部の満田康子さんと藤本依子さんに，心より感謝申し上げます。

　1996 年 1 月

執筆者を代表して

初 宿 正 典

初 宿 正 典

「はじめまして。シャケと申します。よろしくお願いいたします」

「これはまた珍しいお名前ですナ。どちらのご出身で？」——「滋賀県の湖北（市町村合併で今は長浜市）です」

「そちらの地方には多いお名前なんですか？」——「いえ，私の親戚がほんの 2，3 軒あるだけでして……」

「それで，大学で何を教えておられるのですか？」——「憲法とか比較法という授業をやっております」

「ホウ，そりゃまた難しい話ですナ」……

初めてお目にかかる人に名刺を出して自己紹介をしますと，不思議なことに，たいていいつもこんな具合になります。学問はどの分野も難しいものだと思うのですが，憲法と聞くと，なぜか多くの人は「難しい」分野だと思うらしい。どうやら，土地やお金をめぐるもめごとや，離婚・相続といった話ならやさしくて，ヤレ集団的自衛権だの，ヤレ「司法権の限界」だのという話は難しいと思われるらしい。しかし実は，そんなに違いはないはずなのですが。

私の担当したテーマが，基本的なポイントを押さえて「やさしく」書かれていると思ってくださるかどうか，ぜひ意見を聞かせてください。

憲法施行と同じ年に生まれた私にも，こんな本は初めての試みです。

しやけ　まさのり
1947（昭和 22）年生まれ
1971（昭和 46）年　京都大学法学部卒業
現　在　京都大学名誉教授
2，5，6，9，16，18 執筆

「いちばん優しい」読者へ

高　橋　正　俊

　私の分担についていえば，いちばん易しいと同時にいちばん優しく，憲法に関わる話題を，読者のみなさんと一緒に考えてみようという姿勢で書いたものです。

　選んだ話題は，今日の憲法のホットなテーマです。新興宗教，規制緩和，死刑，安全保障，法律の改正。これらの問題は最近の新聞を読みかえしてみれば，必ずそのいくつかは取り上げられているはずです。憲法という視点から，また思いきって要点を絞って，これらの問題の基本的な考え方を理解してもらおうというのがねらいです。私たちが，憲法とどう関わっているのかを，ぜひ読みとってほしいのです。「リーガル・マインド」を養うというのは，私たちと法との関わりを理解することなのです。

　チョット意外かもしれませんが，問題に対する私の答えらしきものは，あくまで「らしきもの」にすぎません。現実の社会に起こる問題に正解はありません。問題の解答は，複雑で流動的な現代社会の変化に応じて，変わっていくはずです。憲法の解釈も，より良い答えを求める努力をとおして，徐々に変わっていくものなのです。

　私の示したさしあたっての答えを参考にして，あるいはそれを反面教師にして，みなさんなりの意見をもっていただけたなら，みなさんは私にとって「いちばん優しい」読者といえるでしょう。

たかはし　まさとし
1947（昭和 22）年生まれ
1969（昭和 44）年　東北大学法学部卒業
元　香川大学教授
7, 10, 13, 15, 17 執筆

米 沢 広 一

　「いちばんやさしい憲法」という表現の受けとめ方は，人によってさまざまでしょう。私は，大学の一般教育科目の授業で使用される憲法の教科書の中で，もっともわかりやすくていねいに説明した教科書という意味にとらえ，それをめざして執筆しました。

　Comment の部分では，たとえば，「皇室外交は憲法上許されるか」「クーラーのない生活は『健康で文化的な最低限度の生活』といえるか」というふうに問いを発し，その解答に向かって1歩1歩近づいていくといった書き方をしています。「いちばんやさしい」といっても，大学での教科書ですので，学ぶべき点はおさえてあります。

　しかし，Comment のような書き方ばかりでは息がつまってしまうかもしれないので，Break の部分では，「ちょっと一服」というつもりで，日本と韓国の教科書の比較，年金や生活保護がパンクする話，などのおもしろそうな話をのせています。

　本書を読んで，憲法も案外おもしろいんだな，もっと憲法を勉強してみたいな，という気持ちをもってもらえたならば，幸いです。さらに，Step Up の部分で示した文献や判例にもチャレンジしてもらえば，私としては「言うことなし」です。

よねざわ　こういち
1951（昭和26）年生まれ
1975（昭和50）年　京都大学法学部卒業
現　在　大阪市立大学名誉教授
1，11，12，14，21 執筆

「わかりやすさ」を考える

棟 居 快 行

　この本のコンセプトは，もちろん「むつかしい憲法の理屈をわかりやすく」というところにあります。私も憲法教師として，「教えるプロ」であることは間違いありません。ですが研究者としては，わかったつもりになってしまうことが一番困ります。論文ではとにかく話をひっくり返し，定説に片っ端からケチをつけます。そうしないと，新しい理屈が見えてこないのです。

　というように，学生さんの目線でわかりやすく授業する自分と，論文のなかで話をややこしくする自分という二人の私がいます。大学に就職したての 1980 年代の数年間は，小さな判例集だけを教室に持参して，黒板に向かって有名事件の事実関係や理屈をひたすら図解しながら，ああでもないこうでもないとアタマの体操みたいなことをしていました。教えることと考えることを同時にすることができた，奇跡のような幸福な時代です。学生さんも，目の前でゼロから何かを生み出す教師のパフォーマンスを楽しんでくれていました。

　この本でも，やさしく，しかし話のレベルは下げないことを心がけています。読者のみなさんには，意外にむつかしい話を「いちばんやさしい」説明で伝えようとしている本書を通じて，憲法の「むつかしさ」（！）と，だからこその「考える楽しさ」を知っていただけたらと願っています。Haste not, Rest not. 急がず休まず，まいりましょう！

むねすえ　としゆき
1955（昭和 30）年生まれ
1978（昭和 53）年　東京大学法学部卒業
現　在　専修大学法科大学院教授
③，④，⑧，⑲，⑳，㉒執筆

Contents

読者のみなさんへ──この本のねらいと使い方

┌───┐
│ ⑤ *Mini Window* ▼ ▲ │
│ ①日本国憲法のかなづかい（24）　②判例の出典（70） │
│ ③六　法（124）　④法律の条文の構造と呼び方（134） │
│ ⑤最高裁判所の構成（156）　⑥裁判所の種類・数（210） │
│ ⑦法令用語の読み方クイズ（220） │
└───┘

Break

中扉版画：栗岡佳子

Part
1

人としての
基本的な
権利

Fundamental Human Rights

なぜこんなに，校則によって縛られなくてはならないのか。おかしいのではないか。そう思考し，声をあげる力すら奪われ，従順に「目上の人」に従うことを叩き込まれる。そうした校則運営のあり方は不健全なのではないか。沸き起こる疑問とともに，ではそれをどうすればいいのかという問いが頭の中を駆け巡る。

（荻上チキ＝内田良 『ブラック校則』〔東洋館出版社，2018 年〕）

子どもの人権

> 21条
>   1項　集会, 結社及び言論, 出版その他一切の表現の自由は, これを保障する。
>   2項　検閲は, これをしてはならない。通信の秘密は, これを侵してはならない。
> 13条
>   すべて国民は, 個人として尊重される。生命, 自由及び幸福追求に対する国民の権利については, 公共の福祉に反しない限り, 立法その他の国政の上で, 最大の尊重を必要とする。

Comment

制限だらけの子どもたち

子どもは, 20歳になるまでは, 親の同意がなければ結婚できません（成年年齢の引き下げにより, 2022年4月1日からは, 18歳になれば親の同意なく結婚できるようになります）。酒もタバコも飲んではいけないことになっています。18歳になるまでは選挙権がなく, 自動車の普通免許もとれません。ポルノ映画館に入場できないことになっています。16歳になるまでは, オートバイの免許がとれません。15歳になるまでは, 遺言をしても有効とは認められません。さらに, 学校によっては, 制服着用や丸刈りが強制され, 政治活動, オートバイの免許取得, パーマ, ゲームセンターや喫茶店への入店などが禁じられ, 下着の色が白のみと指定されてきました。

　これらの制限の中には, まあ, なんとなく納得できる制限もあります。たとえば, 酒・タバコの禁止やポルノ映画館への入場禁止がそれにあたります（もっとも, 境界年齢が高すぎるのではないかという

問題は残ります）。小学生の頃から毎日晩酌を欠かさず，タバコをふかしながら雑談をするような生活を続けていれば，その子どもはアル中になったり，肺がまっ黒になったりしてしまいます。また，ドラえもんやポケットモンスターの映画には見向きもせず，ポルノ映画館に入りびたりという子どもは，その将来が思いやられます。

　しかし，他方では，どうも納得できない，そこまで制限することはないだろうと思うような制限も，少なくありません。たとえば，丸刈り強制，高校生のオートバイの免許取得の禁止，喫茶店への入店禁止，下着の色の指定がそれにあたります。

　中学生に丸刈りを強制する理由として，学校側は，非行防止，学業専念などをあげています〔判例①〕。しかし，小学生や高校生が坊ちゃん刈りや横分けのような普通の髪型が許されているのに，どうして中学生だけが普通の髪型を許されないのでしょうか。なぜ，中学生が横分けをすれば非行と結びつくのでしょうか。また，法律（道路交通法）によれば，16歳になるとオートバイ免許をとれるのに，多くの高校は高校生が免許をとることを禁止しています。中学時代の友人のうち，卒業して就職した者はオートバイ免許がとれ，高校に進学した者はとれないというのは，おかしいのではないでしょうか。また，学校によっては喫茶店に入ることを禁止しているところがありますが，そこまで私生活に干渉することは行き過ぎではないのでしょうか。

　そこで，どのような制限は許されて，どのような制限は許されないのかを判断するためのわく組みを，次に考えてみましょう。

どうして子どもだけが
制限を受けるのか
酒・タバコの禁止の例にもみられるように，子どもについては，大人にはないような制限を受けざるをえない場合が，かなりあります。それでは，どうして子どもだけが制限を受けるのでしょうか。「どうしてだめなの？」と質問すれば，「それはお前がまだ子どもだからだよ」という答えが，しばしば返ってきます。では，子どもが制限を受けざるをえないのは，子どもにどのような特質があるからなのでしょうか。それは，子どもが心身ともにまだ未成熟であるためです。すなわち，十分な判断能力がまだ備わっていないのに，全面的な自由を認めると，誤った判断を行い，その結果，成長過程にある身体，精神が傷つく場合があるからです。このように考えていくと，「子どもの保護」のための制限の必要性を，否定し去ることはできません。

子どもだって……
しかし，他方で，子どもにも憲法上の権利の保障がおよぶということを，忘れてはなりません。憲法は，思想，信教，表現の自由といった権利を，数多く定めていますが，これらの権利による保障から子どもだけが除外されているわけではありません。憲法は大人専用ではありません。子どもだって，1人の人間として，思想の自由や表現の自由を保障されているのです。ただ，心身が未成熟であるために，保障の程度が大人と異なる場合があるにすぎないのです。ですから，子どもと大人との違い，保護の必要性を強調しすぎることは，妥当ではありません。過保護のあまり自由を制限しすぎると，子どもの判断能力

6

の形成が阻害されます。能力は使うことによって発達していくという面をもっています。能力も使わなければサビついてしまいます。そこで，子どもに対する制限は必要最小限でなくてはならないという要請が生じてきます。

だれが子どもを保護
すべきなのか

子どもの保護のための制限が必要であるとしても，そのことからすぐに，国家による制限が許されるわけではありません。その前に，だれが子どもを保護すべきなのか，という問題を考えることが必要となります。子どもを保護する役割を担うのは，まず親であるといえます。子どものことを最もよく知り愛情をもっている親こそが，まず，そのような役割を担うべきだということになります。ただ，親個人の力だけでは子どもを保護しきれない場合に，国家の介入が認められます。たとえば，酒やタバコの子どもへの販売禁止がそれにあたります。また，親が自分の子どもを虐待する場合にも，国家の介入が認められます。たとえば，親権喪失制度（裁判によって親としての資格を失わせる制度）がそれにあたります。

　ですから，子どもを保護する必要性があれば，ただちに国家による制限が許されるわけではありません。親による保護だけでは不十分なのかを問うことが必要となります。

子ども――生徒

学校が校則などによって生徒の権利を制限している場合には，さらに，学校固有の問題を考えることが必要となります。というのは，「子どもだから〇

○をしてはいけない」というのと，「生徒だから○○をしてはいけない」というのとでは，微妙な違いがあるからです。たとえば，子どもが道路でマイクを使って演説することが許されても，生徒として校内でそうすることが許されない場合があります。ですから，学校が校則などによって生徒の権利を制限している場合には，「子どもゆえの制限」とは別に，「生徒ゆえの制限」という問題を考える必要があります。両者の間にはいくつかの違いがあります。たとえば，「生徒ゆえの制限」の場合には，「本人の保護」に加えて「他の生徒の保護」という問題を考えることが必要となります。また，「本人の保護」の具体的内容には，「学校教育の修得」も含まれることになります。

政治活動の自由

最後に，今まで述べてきたことを念頭において，生徒の政治活動の制限の問題を考えてみましょう。

　文部（科学）省は，高校生の政治活動については，校内だけでなく，校外で放課後や休日に行うことも，「教育上の観点から望ましくない」（1969 年通達）として，全面的に否定し，多くの学校では校則で政治活動が禁止されていました。

　しかし，「生徒の政治活動」といっても，形態がさまざまなので，少なくとも，①休日，放課後のような授業時間外に政治活動を校外で行う場合，②授業時間内に学校を欠席して政治活動を校外で行う場合，③授業時間内に政治活動を校内で行う場合，④休み時間，放課後等の授業時間外に政治活動を校内で行う場合，に分けて考える

ことが必要となります。

　①の場合には，授業時間外に校外で行われるために，本人および他の生徒の学校教育の修得への妨げとはなりません。ですから，学校はそのような政治活動を禁止できません。下校後の時間をどのように使うのかは，家庭に委ねられた問題です。ただ，ごく例外的に，子どもの身体に危険がおよぶことが明白であるような場合には，そのような政治活動への子どもの参加を国家は制限できるでしょう。

　②の場合には，他の生徒の学校教育の修得の妨げにはなりませんが，本人の学校教育の修得の妨げとなります。ですから，学校はそのような政治活動を禁止できます。ただし，この場合には，他の生徒に害悪を与えてはいないので，停学，退学処分のような懲戒処分まではできません。できるのは，まず，授業に出席するように説得することです。それでも欠席が続くと，出席日数不足による留年や除籍ということになります。

　③の場合には，本人はもちろん他の生徒の学校教育の修得への重大な妨げとなります。ですから，学校は政治活動を禁止できます。そして，この場合には，他の生徒に害悪を与えているので，学校は懲戒処分ができます。

　④の場合には，学校教育の修得への妨げにはならないでしょう。その点だけからいえば，学校はそのような政治活動を禁止できないことになります。しかし，学校には，心身とも未成熟な生徒が登校時から下校時まで校内にいることを義務づけられているという特色があります。ですから，他の生徒を不当な思想的圧迫から保護するために，政治活動を禁止できる場合があります。たとえば，外部の

政治団体が中学生を使って休み時間に校内で強引に署名を集めさせるような場合が，それにあたるでしょう。

　ちなみに，文部（科学）省も，2015年の公職選挙法改正により選挙権年齢が18歳に引き下げられたのをうけ，放課後や休日の校外での政治活動につき，違法・暴力的なものなどを除き，「家庭の理解の下，生徒が判断し，行う」（2015年通達）として，原則自由化へと転換しています（もっとも，学校によっては事前届出制にしているところもありますが，それでは政治活動に萎縮的効果が生じてしまいます）。

Step Up

〔関連情報〕

①　市川須美子『学校教育裁判と教育法』（三省堂，2007年）

　長年教育法研究に携わってきた著者の論文集です。「いじめ裁判の論点」「体罰裁判」「校則と子どもの人権」「学校教育措置と教育裁量」「教育情報と学校」「子どもの人権と教師の人権の交錯」「教育裁判と子どもの人権」の7つの章からなっています。

②　戸波江二＝西原博史編『子ども中心の教育法理論に向けて』（エイデル研究所，2006年）

　若手の憲法・教育法研究者を中心として書かれた本です。憲法教育，チャーター・スクール，主権者教育権論，教科書採択制度，子どもの権利条約等の問題をとりあげています。

③　波多野里望『逐条解説児童の権利条約〔改訂版〕』（有斐閣，2005年）

　児童の権利条約の1条から54条までの全条文を，条文ごとに詳細に解説し，末尾に，条約の実施状況についての日本の報告書（第一回と第二回）とそれに対する児童の権利委員会の見解を載せています。

④　岩波新書編集部編『18 歳からの民主主義』（岩波書店，2016 年）

本書の前半では，「選挙って何だ？」「何を見て判断するの？」「憲法改正って何？」などといった民主主義の基本が，専門家によって簡潔にまとめられています。後半では，アイドル，映画監督，在日コリアン，LGBT（性的少数者）などの多様な人々によって，民主主義への思いがつづられています。

〔関連判例〕

①　丸刈り訴訟＝熊本地方裁判所昭和 60 年 11 月 13 日判決・判例時報 1174 号 48 頁

公立中学校での丸刈りの強制が，憲法 14 条（平等保護），21 条（表現の自由）などに違反するとして争われました。熊本地裁は，男性と女性とでは，髪型について異なる慣習があるので性差別にはあたらず，また，髪型を思想の表現とはみなしえないので表現の自由の侵害にもあたらないと判断しました。学説上は，13 条（髪型についての自己決定権）違反の問題として争うべきであったとの指摘がなされています。

②　内申書裁判＝最高裁判所昭和 63 年 7 月 15 日第 2 小法廷判決・判例時報 1287 号 65 頁

公立中学校での内申書に在学中政治活動を行っていた旨の記載があったため高校に不合格になったとして，生徒が慰謝料の支払を求めた事件です。最高裁判所は，内申書に記載された外部的行為によっては生徒の思想，信条を了知しうるものではないなどとして，訴えを斥けました。なお，この生徒は，現在，東京都世田谷区長・教育ジャーナリストとして活躍している保坂展人氏です。

③　パーマ禁止訴訟＝最高裁判所平成 8 年 7 月 18 日第 1 小法廷判決・判例時報 1599 号 53 頁

校則で禁止されたパーマをかけていたため，卒業直前に自主退学させられた私立高校の女子生徒が，卒業の認定と慰謝料の支払を求めた事件です。最高裁判所は，私立高校には独自の校風，教育方針があることを指摘したうえで，パーマ禁止の校則には高校生らしさや非行防止の目的

がある等として，訴えを斥けました。

Break ① 18 歳は，大人それとも子ども？

　成人式は 20 歳の時に行われている。それは何故なのだろうか。20 歳になると，民法上「成年」とみなされ（4条），選挙権も与えられ（公職選挙法（旧）9条1項・2項），酒・タバコも飲んでいいことになる（未成年者飲酒禁止法1条，未成年者喫煙禁止法1条）反面，少年法上の保護を受けられなくなる（少年法2条1項）など，大きな変化が生じる。それ故，20 歳の時に成人式を行い，大人になったとの自覚をもたせるわけだ。

　ところが，2007 年に制定された日本国憲法の改正手続に関する法律（憲法改正手続法）は，憲法改正の国民投票権を満 18 歳以上の日本国民に付与する（3条）とし，さらに，2015 年に公職選挙法が改正され，選挙権年齢と選挙運動可能年齢が満 18 歳に引き下げられた（公職選挙法9条1項・2項，137 条の2）。また，2018 年の民法改正によって，民法上の「成年」年齢も，2022 年から 18 歳に引き下げられることになっている。

　しかし，他方，少年法上の「少年」年齢，酒・タバコの禁止年齢などは，20 歳のままで据え置かれている。

　そうすると，18 歳，19 歳の者に対しては，もう大人だから選挙権がありますよ，まだ子どもだから酒・タバコは飲めませんよ，ということになる。彼らからすると，自分は大人なのか，子どもなのか，どっちなんだろう，ということになってしまう。

　今後，少年法上の「少年」年齢，酒・タバコの禁止年齢なども，18 歳に引き下げられるのであろうか。もし，そうなると，成人式も 18 歳の時に行われることになろう。

定住外国人にも地方選挙権

最高裁判決 「憲法上、禁止されていない」

法整備あれば可能

訴え自体は棄却

訴えのあらすじ

憲法は選挙権を日本国民だけに保障

（朝日新聞 1995 年 3 月 1 日）

欲しいのはまず選挙権

外国人の権利

> 15条
>
> 　1項　公務員を選定し，及びこれを罷免することは，国民固
> 　　　　有の権利である。
>
> 44条
>
> 　　両議院の議員及びその選挙人の資格は，法律でこれを定め
> 　　る。但し，人種，信条，性別，社会的身分，門地，教育，財
> 　　産又は収入によつて差別してはならない。

Comment

基本的人権はだれの
もの？

　　　　　　　　　　　　　わたしたちの憲法は，国民に基本的人権を
　　　　　　　　　　　　保障しています。では，《国民》とはいっ
　　　　　　　　　　　　たいだれのことでしょうか？　憲法は，ど
ういう範囲の人を日本国民とするかについては法律で決めることに
しており（10条），これを決めているのが国籍法という法律です。
この法律に基づいて，出生（しゅっしょう）と同時に，あるいは帰化その他の方法
で，日本国民と認められた者が《国民》ということになります。で
すから，外国人や無国籍者は国民に属さないことになりますが，こ
こでは《外国人》，つまりどこか他の国の国籍はもっているが日本
国籍はもっていない人の問題だけに限定して，二重国籍者や無国籍
者の問題はとりあえず考えないことにしましょう。

　では，憲法が国民に保障する基本的人権は《外国人》には認めら
れないのでしょうか。すべての人が人間として生まれながらに有し
ているのが基本的人権だとしますと，日本国民であろうと外国人で

あろうと，関係ないはずではないでしょうか。

人権と市民権 よく知られているフランスの「人権宣言」（1789年）は，本当は，「人および市民の権利の宣言」といい，そこには《人》の権利と《市民》の権利を区別する考え方が示されています。つまり，憲法に保障されている自由や権利の中には，国籍・民族などに関係なくすべての人間に備わっているという思想に支えられているものと，ある国家の構成員という資格に基づいて与えられるものだと考えられているものとがあるということです。

日本国憲法の条文でも，「すべて国民は……」というように書いてある箇所（たとえば13条）と，「何人も」と書いてある箇所（たとえば16条〜18条）と，だれの権利かが明記されていない箇所（たとえば21条）があります。憲法をつくった人たちは，ある程度はこの区別を意識していたのかもしれませんが，この区別はあまり当てになりません（たとえば22条2項）。そこで，ある権利が外国人にも認められるかどうかは，条文からではなくて，それぞれの権利の《性質》に従って決めるしかないことになります〔判例①〕。

では，権利の性質から，外国人も含めてすべての人に認められる権利（「人の権利」）と，国民にしか認められない権利（「市民の権利」）とを，どういうように区別したらいいのでしょうか。具体的には難しい場合もありますが，たとえば，宗教を信じる自由や学問の自由などは前者の「人の権利」だといえます。そして後者の「市民の権利」の典型が《参政権》ではないでしょうか。

　　　　　　　　　　　　　　　「参政権」というのは，民主主義国家にお
　外国人の参政権　　　　　　いて国民が国や地方の政治に参加するため
の主要な権利で，ふつう「選挙権」と「被選挙権」とを合わせて，
こう呼ばれています。今までは，外国人との関係で参政権のことが
話題となるときは，多くの場合，外国人の「選挙権」の問題として
論じられてきましたが，その後，参議院議員選挙に在日韓国人が立
候補しようとしたことも話題となって〔判例④〕，「被選挙権」の問
題も論じられるようになってきています。

　さて，憲法 15 条 1 項は，他の規定と違って，公務員を選んだり
やめさせたりする権利を，わざわざ「国民固有の権利」だと定めて
います。この条文が，この権利は国民のみに認められる権利であっ
て外国人には認められないのだ，とする主張の有力な根拠となりま
す。しかし，それより何より，参政権は「国民主権」という日本国
憲法の基本原理と密接不可分の権利で，主権者である「国民」が国
政を運営していくために行使すべきいちばん重要な権利だ，という
ことになれば，日本国籍をもたない「外国人」がこの権利をもたな
いのは当然だということにもなりそうです。

　　　　　　　　　　　　　　　ところで，「外国人」といっても，単なる
　ひとくちに外国人と　　　　旅行客から，留学とか会社からの派遣や出
　いっても……　　　　　　　張とかで 2 年も 3 年も滞在している外国人
もいますし，日本に住居を定めて 10 年も 20 年もの長い間日本に住
んでいる人もいます。そればかりか，多くの在日韓国・朝鮮人など
のように，生まれた時からずっと日本に住んでいて，日本語しか話

さない外国人だっているわけです。となると，旅行客や留学のための一時的な滞留者は別として，永住許可（「出入国管理及び難民認定法」22条参照）を得て日本に住んでいる外国人や，そうでなくても日本に長らく住んでいる外国人（こういう外国人のことを《定住外国人》と呼ぶ人もいます）は，その地方自治体の住民として税金も納めていますし，日本人と同じように暮らしを立てています。ましてや，母国語はまったく話さないということになれば，そういう人は，日本人ではないといっても，いったい日本人とどこが違うのでしょうか。

　こういうことから，そうした外国人には選挙権を与えられてもいいのではないか，あるいは与えられるべきではないか，という主張が出てくるのは当然かもしれません。

公職選挙法にはどう
定めてある？

ところが，国政選挙や知事選挙・市議会議員選挙など，選挙に関する事柄について定めた「公職選挙法」という法律によると，満18歳以上の「日本国民」でなければ，国会議員や地方議会の議員，知事・市町村長などの選挙はできないことになっています。また，議員や市長などに選ばれる資格（被選挙権）も，日本国民でなければならないことになっています（9条・10条）。ですから，先にいったような定住外国人にも，やはり参政権はないのです。

　わたしたちが選挙権を行使するためには，「選挙人名簿」に登録されていなくてはなりませんが，この名簿への登録は日本のどこかの市町村の区域内に住所を有している満18歳以上の日本国民で，

その市町村で住民票が作成された日から，引き続き3カ月以上，住民基本台帳に記録されている者について行われるのが原則です。ですから，外国人は，日本に住んでいても，選挙人名簿に登録されることはありえないのです。

　そこで，これは不合理ではないかということで，裁判で争う人が出てきました。そして現在までに，いくつかの判決が出ています。

外国人に参政権を与えないのは憲法違反か？　この問題に関して今まで出ている判決は，大きく分けると，①衆議院議員・参議院議員の選挙（国政選挙）に関するものと，地方議会の選挙に関するものに分けられ，②選挙権に関するものと，被選挙権に関するものとがあります。③また訴えている人についていうと，在日韓国人が原告のものと，それ以外の人（イギリス人）などが原告になっているものとがあります。しかしこれらの判決のうちで，現在までのところ，選挙権・被選挙権を外国人に与えていない現在の制度が憲法違反だとした判決はありません。

　ただ，最高裁判所は，地方議会の議員を選挙する権利を外国人に与えるかどうかは「立法政策」の問題で，外国人に選挙権を与えるように法律を改正するならかまわない，と判決したことがあります〔判例②〕。**Material** の新聞記事もこの判決が出た時のものです。

　ところで，憲法93条2項をみてみますと，地方自治体の議員については，15条とは違って，その自治体の《住民》が，直接選挙すると定められてあります。そこで従来から，地方自治体については外国人にも選挙権があるのだとする主張がなされてきました。な

ぜかというと，法律上，《住民》というのは「市町村の区域内に住所を有する者」とされている（地方自治法10条）だけですから，外国人であっても，日本国内のどこかの市町村に住所があれば，その市町村とその市町村が含まれている都道府県の住民だからです。

　しかし最高裁判所は，この判決〔判例②〕で，憲法93条にいう《住民》も15条にいう《国民》と同様に，「日本国民である住民」のことだと解釈し，憲法は日本に在留している外国人に地方自治体での選挙権を保障したものとはいえないとしました。しかしその上で最高裁判所は，住民の日常生活に密接に関連する公共的な事務はその地方の住民の意思に基づいて処理されるべきだ，という地方自治の精神からすれば，永住許可を得ている者などで，その住んでいる地方自治体と特別に緊密な関係をもつに至った人については，地方の選挙権を法律で与えることは憲法上禁止されているわけではない，ただ，そうした立法がなされていないからといってこれを違憲だということもできない，と判決したのです。つまり原告の主張は認められはしなかったのですが，立法で（つまり公職選挙法を改正して）解決するならかまわないというわけです。もっとも，この判決には，多方面からの厳しい批判がなされていますが。

外国人の選挙権をどこまで認めるべきか？

　以上のことについて，もう少し考えを進めてみましょう。先に触れた裁判では，地方自治体選挙での《選挙権》つまり「投票する権利」が問題となりましたが，もし選挙権を定住外国人に認めても憲法上は許されるとしても，(1)国政レベルでの選挙についても同

じように考えてよいかどうか，また，(2)地方レベルでの選挙権といっても，都道府県と市町村とで同じように考えてもよいかどうか，さらに，(3)地方レベルでも「選挙権」と「被選挙権」は別に考えるべきではないのか，といった問題があると思います。

まず(1)の問題ですが，国政選挙のレベルについては，選挙権も被選挙権も含めて，永住許可を得ているなど特定の外国人に参政権を与えるべきだという主張は，現在までのところあまり支持を得ていません。国政の運営は主権者である《国民》が責任をもって進めていくのが当然だと考えられています〔判例③④〕。

そこで次に(2)の問題ですが，同じ地方自治体といっても，都道府県と市町村とでは住民の日常生活への密着度というか，住民にとっての具体的関心などの点で，かなりの違いがあるのではないでしょうか。そこで，そうした住民の日常生活と非常に密接した市町村のレベルだったら，そこに定住している外国人にも選挙権を認めて，いっしょに市町村の政治に参加してもらうことが必要だし有益ではないか，という考えから，少なくとも市町村レベルについては，そうした主張を支持する見解もあるようです。

最後に(3)の問題。国政レベルでは，国民が選挙で直接に選挙するのは「国会議員」だけです（憲法43条・67条）。ところが地方のレベルでは，地方自治体の議会議員だけではなくて，都道府県の知事や市長・町長・村長という市町村の首長も，住民が直接選ぶことになっています（93条2項）。そこで，選挙権だけではなくて，議員や知事・市町村長になる資格も外国人に与えてよいかどうかが問題になります。従前ですと，都道府県知事や市町村長は，国のかなり

多くの事務を任されて，それを執行する立場にありました。つまり知事や市長などは，国の機関として国の仕事をする手足だったわけです（こうした事務は「機関委任事務」と呼ばれました）。ところが，その後，地方分権推進に伴う法改正（2000年4月施行）によって，機関委任事務が廃止されました。そうなれば，これまで以上に，地方のことはそれぞれの地方で決めるべきだという考え方が強くなって，議会の議員はもとより，知事や市長だって，別に外国人であってもいいじゃないか，という主張が出てくるかもしれません。しかしこのあたりの問題は，まだ十分に論議されているとはいえません。

　なお，選挙権の問題ではありませんが，最近では，外国人にも地方公務員試験を受験する資格を与える地方自治体が出てきていますし，現に，外国人が一部の管理職に就くことを認めるようになった自治体もあります。

　また，朝鮮人学校の生徒に全国高等学校野球大会への出場を認めるとか，外国人学校卒業者にも大学受験資格を与えるなど，外国人との共存の方向が進んでいます。これからの日本の社会が外国人とどう向き合っていくべきなのか，あなたも是非考えてみてください。

Step Up

〔関連情報〕

　①　憲法の古典的著作のひとつである宮沢俊義『憲法Ⅱ〔新版〕』（有斐閣，1971年）241頁をはじめ，従来は，参政権がその性質からして《国民》の権利であるとするのが，多くの学者の一致した見解だったといえます。しかし，たとえば奥平康弘『憲法Ⅲ』（有斐閣，1993年）61

頁には，「国政・地方のいずれを問わず，よく練り上げた立法であれば，参政権を与えるのに憲法上の困難はない」と書かれています。

② 外国人の地方自治体での参政権については，徐龍達編『共生社会への地方参政権』（日本評論社，1995 年）が，積極的に推進する立場からの主張を収め，自治体の決議などの貴重な資料も載せています。

〔関連判例〕

① 最高裁判所昭和 25 年 12 月 28 日第 2 小法廷判決・民集 4 巻 12 号 683 頁

最高裁判所はこの判例の中で，いやしくも人であることによって当然に有している人権は，たとえ不法に入国した外国人であっても有していると認めるべきだ，と判決しています。

② 最高裁判所平成 7 年 2 月 28 日第 3 小法廷判決・民集 49 巻 2 号 639 頁

この裁判は，大阪市北区の在日韓国人 2 世の 9 人が地方自治体の議会の議員の選挙に関して，選挙人名簿に登録されなかったことについて，選挙管理委員会に異議を申し出たのに却下されたので，これを不服だとして大阪地方裁判所に訴えていたものです。

③ 最高裁判所平成 5 年 2 月 26 日第 2 小法廷判決・判例時報 1452 号 37 頁

これは，永住許可を受けて日本国内に定住しているイギリス人が，参議院議員選挙で投票できなかったことが憲法 15 条や 14 条に違反すると主張して，国に対して国家賠償法に基づく慰謝料の支払を求めた裁判ですが，最高裁判所はごく簡単な理由づけで棄却しています。

④ 最高裁判所平成 10 年 3 月 13 日第 2 小法廷判決・裁判所時報 1215 号 5 頁

これは，在日韓国人が行った参議院選挙の立候補届出が受理されなかったため，公職選挙法の国籍条項が憲法違反であるとして国家賠償を求めた事件ですが，ここでも最高裁判所は，簡単な理由づけで現行法を合憲としています。

　ヨーロッパでは相互主義の原則が確立されていて，EU 加盟国どうし
で外国人に地方での選挙権を認める国が多くなっているが，そうした
国々では，外国人は，いま住んでいる国での地方選挙権と同時に，いま
住んでいる国にいながら自国での選挙にも参加できるシステムができて
いる。もちろん，EU 内部でのこうした制度をそのまま日本にもあては
めて，日本に住んでいる外国人にもわが国の地方議会の議員などの選挙
権を認めるべきだ，ということにはならないであろう。このことは本章
で述べたとおりである。

　しかし，在外邦人（つまり，日本国外に居住していて，国内の市町村
の区域内に住所を有していない日本国民）に，国会議員等の選挙権を与
えるかどうかは別の問題である。1998（平成 10）年の公職選挙法改正
によって，2000（平成 12）年以降の国政選挙からは，在外邦人に，「当
分の間」は衆議院と参議院の「比例代表選出議員」の選挙のみに限って，
国政選挙における選挙権の行使を認める制度がつくられていた。そこで，
在外邦人であることを理由として選挙権（つまり衆議院の小選挙区選出
議員と参議院の地方選出議員の選挙権）の行使の機会を保障しないこと
は憲法 14 条 1 項，15 条 1 項・3 項，43 条，44 条などに違反すると主張
して訴訟が起こされた。最高裁判所も，選挙権の行使を比例代表選挙の
みに限っていた旧制度を憲法違反だとした（最高裁判所平成 17 年 9 月
14 日大法廷判決・民集 59 巻 7 号 2087 頁）ため，その後平成 18 年 6 月
に公職選挙法が改正されて，在外邦人の選挙権行使の制限は解除され，
2007（平成 19）年 7 月の参議院議員通常選挙から，選挙区選出議員の
選挙にも在外投票が実施された。海外在留邦人数調査統計によると，
2017 年 10 月 1 日現在での 18 歳以上の海外在留邦人（在外邦人）は約
108 万人と推定されているが，そのうち在外選挙人名簿に登録されてい
る有権者数は約 10 万人で，実際に投票に行った有権者は約 2 万人ほど
であると言われている。

日本国憲法のかなづかい

　法律の文章はもともと漢字とカタカナを使い，濁点も句読点もないのが普通でした（たとえば，62頁下の囲みの条文をみてください）。

　日本国憲法についても，1946（昭和21）年春に最初に作られた草案は，まだそうした古い形式のものでした。その後，作家の山本有三さんなど各界からの強い主張が受け入れられて，口語体・ひらがなが使われるようになったのです（この経緯については、横田喜三郎「憲法のひらかな口語」林大＝碧海純一編『法と日本語』〔有斐閣新書，1981年〕という短文のなかでたいへん興味深く触れられています）。

　日本国憲法はその意味でも先駆者です。ただ，「かなづかい」の点ではまだ何カ所かに古い用法が残っています。たとえば「義務を負ふ」（26条2項），「適合するやうに」（29条2項），「儀式を行ふ」（7条10号），「与へられる」（11条）などのほか，「平等であって」（14条1項）とか「不断の努力によって」（12条）などのいわゆる促音便の「つ」などです。正式に条文を引用するときには，このとおりに書かなくてはなりません。

基本的なプライバシー設定とツール

シェアするコンテンツの共有範囲の選択
Facebook で投稿するときに，その投稿を公開する相手を
選択するにはどうすればよいですか。
リストを使って特定のユーザーグループにシェアするには
どうすればよいですか。
Facebook のタイムラインでシェアした投稿の共有範囲を
変更するにはどうすればよいですか。
私のプロフィールとタイムラインの情報を閲覧することが
できる人を管理するにはどうすればよいですか。
自分のタイムラインにある過去の投稿の共有範囲を選択す
るにはどうすればよいですか。

つながりの設定の管理
Facebook のプライバシー設定を変更するにはどうすれば
よいですか。
Facebook のプライバシーセンターとは何ですか。また，
どこにありますか。
［プライバシー設定の確認］とは何ですか。Facebook の
どこにありますか。
Facebook であなたを友達として追加できる人を変更する
にはどうすればよいですか。
Facebook のプロフィール写真とカバー写真は誰が見るこ
とができますか。

タグ付けされたコンテンツの確認
タグ付けされた写真や投稿からタグを削除するにはどうす
ればよいですか。
［タイムライン掲載の確認］を使用して，自分がタグ付け
されている投稿を確認してから Facebook のタイムライン
に表示させるにはどうすればよいですか。
自分の投稿に第三者が追加したタグを，公開される前に確
認するにはどうすればよいですか。
自分がタグ付けされた投稿や写真を Facebook タイムライ
ンで見られる人を管理するにはどうすればよいですか。
Facebook アカウントで顔認識機能の設定をオンまたはオ
フにするにはどうすればよいですか。

わたしの秘密

プライバシー権

13 条
　すべて国民は，個人として尊重される。生命，自由及び幸福追求に対する国民の権利については，公共の福祉に反しない限り，立法その他の国政の上で，最大の尊重を必要とする。

Comment

クリックひとつで変わる人生

Material で紹介したのは，日本でも大人気の SNS（ソーシャル・ネットワーキング・サービス）フェイスブックの「プライバシー設定」に関するページです。ここでプライバシーという言葉と同時に，「公開する相手を選択」とか「閲覧することができる人を管理」といった表現が目に入りますね。そうです。ひとつ間違えると，あなたの大事な個人情報が不特定の第三者とか，この人だけには知られたくない人に見られてしまうのです。へたをすれば，ネット上でずっと自分の不都合な写真や情報が漂って，長く苦しむはめになるかもしれません。くれぐれも，ネット上での個人情報の開示には気をつけましょう！

でも，だからといって SNS をまるきりやめてしまえるかというと，なかなかむつかしいですね。友達との楽しいコンパで盛り上がっている写真などは，自分とその友達だけが見られるのであれば，

ずっと宝物にしておきたいでしょう。ネットにあることで、いつでも見に行けるという便利さもあります。だからこそ、フェイスブックも公開する相手を「選択する」とか「管理する」とかいう方法をユーザーにせっせと説明しているわけで、決して「ネットの扱いに自信のない人はやめたほうがいいですよ。」という話にはなりません。つまりプライバシーとは、このネット社会、情報化社会においてはますます、「わたしの秘密」を誰と共有するか、誰か特定の人たちには見せるけどその他の人や世間一般には絶対に見せない、教えない、という、その人の親密な人間関係の範囲（親密圏などといいます）のコントロールのことなんですね。

　さて、それではプライバシーとはどういうものとして、どのように法律上保護されているでしょうか。

魔法のことば：
「幸福追求権」

　日本国憲法が生まれて70年が過ぎた今では、表現の自由や信教の自由など、日本国憲法が条文をもっている人権だけが人権として保護されるのでは十分とはいえません。社会生活を送っていくうえで、それと同じくらい大事な個人の利益も人権として保護される必要があります。プライバシー権はその代表的なものですが、肖像権（みだりに写真撮影されない権利）、名誉権、環境権（良好な環境を享受する権利）、日照権、静穏権（静かな生活環境を享受する権利）、嫌煙権などが13条の「幸福追求権」に読み込めるものとしてあげられています。判例もプライバシー権、肖像権と名誉権くらいは人権として認めています。こういうのを「新しい人権」というのですが、

立法者（国会）が法律でこういう人権をせっせと保護することは，たいへん結構なことです（法律が保護してくれるのだったら，あえて「人権」だという必要がないだけのことです）。

　しかし，裁判所がこれをあまり気前よく認めてしまうと，今まで表現の自由や財産権の行使として当たり前に許されていた行為（たとえば，マスコミが芸能人の私生活をしつこく追い回すとか，公害企業が煙をもくもく排出するとか）が，裁判という場で突然に「お前はひと様の人権を侵害したのだ」と宣告され，でき上がったばかりの写真週刊誌の出荷を禁止されたり，工場の操業を差し止められたりすることになり，加害者であるマスコミや企業の側の「人権」（ちなみに，企業のような法人にも，性質上可能な範囲で人権保障が認められることになっています）としては不意打ちを食ってしまいます。そこで，社会全体でこれは人権なみに重要だ，というコンセンサスができ上がっていることとか，人権としての内容が明確だといえることなどの条件をクリアーしてはじめて，「新しい人権」として，条文のある人権に並べて同じように保障することができると考えられています。

プライバシーの生い立ち

プライバシー権も人権なんだ，つまり他人のプライバシーを侵害するのは人権侵害なんだ，ということはわかってもらえたと思います。では，プライバシーって何なのでしょうか？

　プライバシーと聞けば，私生活とか秘密とかを連想するでしょう。19世紀末のアメリカで，ゴシップ誌の氾濫に対して最初に唱えられたプライバシー権の定義は，「ひとりで放っておいてもらう権利」

といったものでした。また日本の裁判所も，「私生活をみだりに公開されないという保障」などという定義をしていた時期があります。1964（昭和39）年の『宴のあと』事件判決などがそうです〔判例①〕。

この判決は，プライバシー侵害の訴えに対して損害賠償などの法的救済が認められる条件として，次の3点をあげています。①私生活上の事実であるか，そうでなくてもそのように受けとられるおそれのある事柄であり，②一般人の感受性で当事者の立場に立てば公開されないことを望むと思われる事柄であり，③実際に世間一般にはまだ知られていない事柄であること。この3つの基準は，最近の判例でもよく使われています。

| プライバシーの変身 | 最近の高度情報化社会やIT・ネット社会においては，個人のプライバシーを侵害す |

るのは単発的なのぞき行為や盗み撮りだけではありません。あなたは最近チェーンの居酒屋さんで，住所・氏名・年齢などを記入して会員になりませんでしたか。レンタルCDショップではどうですか。そうやって他人に教えてしまった個人情報が，かりにどこか1カ所のコンピュータに，あなたの好きなカクテルやミュージシャンなど個人の趣味にかかわる情報を含めてインプットされていたとしたら……。かしこいコンピュータは，かなり正確にあなたの性格や人生観・価値観などを割り出すかもしれません。

20世紀前半に活躍したフロイトという精神分析学者は，その人がみる夢で本人も気がついていない性格や，忘れてしまっている過去のできごとなどを知ることができると主張し，実際にその方法で

カウンセリングを行っていたそうです。なにげない夢の告白が本人の人格の中心部分を他人に知らせることになるのであれば、みなさんが匿名と思い込んでネットの掲示板にいろいろ書いた発言や、いろんなサイトを興味本位にのぞいた履歴が全部集められたらなにがバレてしまうかわかったものじゃありません。少なくとも、コンピュータ占いのときに申告するくらいの個人データは、あちこちで何気なく記入してしまっているでしょう。

　つまりこれだけ個人情報が行き交うようになると、さまざまなルートを通じて集められた個人情報が、自分の知らないところでコンピュータを使った情報処理によって、いろいろな観点から分類されたり組み合わされたりしかねないのです。実際のところ、みなさんがバラまいた個人情報は、「本人同意」や法律を根拠にして、一定の場合には企業によってカードの信用調査やダイレクトメールの発信などに使われたり、役所の行政目的に使われたりしているのです。

　そんなのヘッチャラさ、オイラ悪いことなんもしてないから……、なんてうそぶいている君、住基ネットって知ってる？　1999年の暑い夏、通信傍受法なんかといっしょにどさくさで住民基本台帳法の改正が可決されちゃったんだけど、「国民総背番号」だと批判してる人もいましたよ。実際2013年5月には、納税や年金の個人情報を一元管理できるようにする共通番号法（マイナンバー法）が成立し、2015年10月から国民に番号が割りふられることになりました（2016年1月から施行されています）。1人ずつに番号をふっちゃえば、そこにいろんな個人情報をぜんぶ集めてみると、ほら、君の他人に知られたくない「ほんとうの自分」が浮かんでくるかもしれません。

こうなると，「ひとりで放っておいてもらう権利」とか「私生活をみだりに公開されないことの保障」では，プライバシー保護の定義としては心もとないですよね。それに，今日のように職業が専門分化すると，自分ひとりでは誰も生きていけないのですから，「ひとりで放っておいてもらう」のは決していいことではなくなっているのです。昔のアメリカの人気ドラマ『大草原の小さな家』の主人公のお父さんのように，何でも自分でやってしまう自主独立のスーパーマンはもはや居場所がないのです。それに，たとえばひとり暮らしの寝たきりのおばあさんに，「市役所としてはおばあさんの『ひとりで放っておいてもらう権利』というプライバシー権を尊重したいんです。だから誰も訪ねて行きませんから，私生活をエンジョイしてください」なんていえないでしょう。これまでのプライバシー権の定義は独り立ちした強い人間だけを念頭に置いていたのであって，この観点からも，見直す必要が出てきているといえましょう。

わたしをインプットさせない権利

　そこで20世紀末くらいから，プライバシー権を「自己情報コントロール権」としてとらえ直すという考え方が一般化しています。この説は，情報化社会のなかでのプライバシー保護のあり方として，放っておいてもらうとか，公開されないという消極的な権利としてでなく，むしろ積極的権利としてとらえ，個人情報の流通を本人にコントロールさせようとする画期的なアイデアといえます。

　正確にいえば，個人の人格的自律（自主独立の主体として自由に自

己決定して自己実現すること）に不可欠の個人情報のうちの「固有情報」（宗教，世界観，精神病歴，過去の犯罪歴など）については，個人情報が本人の手を離れたあとであっても，本人は相手が自分の固有情報をひそかに収集していないかどうかを確認するために，民間信用調査機関や行政機関などに自己情報（自分についての個人情報）の開示を請求し，もしそういった情報が保有されているならば，情報の持ち主にその情報の抹消や修正を要求することができ，あるいは第三者への提供を禁止しうることなどを認めようとするものです。コンピュータによる個人情報の入力・管理・加工という現象に対応した考え方である点が，高く評価されています。このような考え方を制度化した法律（個人情報保護法〔対民間〕，行政個人情報保護法〔対行政〕等）が2003年に成立し，2005年4月から施行されました。さらに，プライバシー保護を確保したうえでパーソナルデータの活用を促進するとか，マイナンバーの利用を後押しするために，これらの法律の改正が相次いでなされています（上記の2法律とも2015年および2016年に改正，2017年5月30日から全面施行）。

Step Up

〔関連情報〕

①　青井未帆＝山本龍彦『憲法Ⅰ　人権』161〜175頁（有斐閣，2016年）

「私生活秘匿権としてのプライバシー権」に「情報プライバシー論」が取り込まれてきた過程が分かりやすく紹介されています。

②　新井誠＝曽我部真裕＝佐々木くみ＝横大道聡『憲法Ⅱ　人権』51

〜52頁（日本評論社，2016年）

　情報化社会に特有の情報コントロール権を発展させた「システム・コントロール権」という新しい観点についても紹介されています。

　〔関連判例〕

　①　「宴のあと」事件＝東京地方裁判所昭和39年9月28日判決・判例時報385号12頁

　②　前科照会事件＝最高裁判所昭和56年4月14日第3小法廷判決・民集35巻3号620頁

　③　「逆転」事件＝最高裁判所平成6年2月8日第3小法廷判決・民集48巻2号149頁

　④　「石に泳ぐ魚」事件＝最高裁判所平成14年9月24日第3小法廷判決・判例時報1802号60頁

　この判決は，実質的にプライバシー権を根拠として出版差止めまで認めた判例として注目されています。

　⑤　住基ネット事件＝最高裁判所平成20年3月6日第1小法廷判決・民集62巻3号665頁

　この判決は，住基ネット（マイナンバー制度の実質的な前身です）で本人確認情報としてコンピュータ上の情報処理に利用された氏名・生年月日・性別・住所といういわゆる基本4情報（それらに加えて住民票コードと変更情報が利用される）につき，個人の内面に関わるような秘匿性の高い情報とはいえないと述べ，住基ネットによってプライバシーが侵害されるとして損害賠償や差止め（住民票コードの削除）を求めた住民による請求を退けています。なお，同じ事件の大阪高等裁判所平成18年11月30日判決（判例時報1962号11頁）は，データマッチングなどプライバシー侵害の具体的危険性を認めていました。

Break ③　情報公開法・個人情報保護法の成立　⬥━⬥━⬥━⬥━⬥━⬥

　1999年5月，長年の懸案事項であった情報公開法（正式名称は「行政機関の保有する情報の公開に関する法律」）が，ようやく成立した

（施行期日は 2001 年 4 月 1 日）。自治体の情報公開条例が 1982 年の山形県金山町を皮切りに，その後の 10 年で急速に整備されたのに対して，国レベルでの立法化の歩みは鈍いものであった。しかし，できた法律は，国民主権の理念にのっとり，政府に説明責任があることを明記し（1 条），対象となる文書も自治体の条例の相場よりは拡大されており，行政機関が組織として業務上の必要に基づいて保有しているものはすべて対象になる。また紙の文書にかぎらず，フロッピー，録音テープなど電磁的な情報媒体もすべて対象とされた。その意味では，かなりがんばった内容になっている。

　これに対して本文でも触れた個人情報保護法の成立は難産だった。2001 年の当初案では法律の基本原則である「適正な取得」などが報道機関等へも適用されることになっていたため，メディアから激しい批判を受け，廃案ののち基本原則の規定を削除するなどした新法案が提出され，2003 年にようやく成立にこぎつけた（行政個人情報保護法も同時成立）。2005 年 4 月から施行されている。その後，この 2 法とも個人情報のビッグデータとしての利用促進やマイナンバーの利用普及の観点からの改正が，2015 年および 2016 年になされた。

　なお，（行政）個人情報保護法の施行から数年の間に，同法の適用をめぐる様々な「過剰反応」が指摘されるようになった。具体的には，中学校の同窓会で名簿を作ろうとして，卒業生が母校にクラスメートの当時の住所や電話番号を教えてくれるように頼んだが断られた，同じく卒業アルバムを見せてもらえなかった，などの事例や，2005 年 4 月に起きた JR 西日本の脱線事故で大勢の死傷者が出ている際に，一部の救急病院が家族からの安否確認に当初回答を拒んだケースなどがある。この安否確認の場合などは，「人の生命，身体又は財産の保護のために必要がある場合であって，本人の同意を得ることが困難であるとき」（個人情報保護法 23 条 1 項 2 号）に該当すると考え，例外が認められるケースといえる。同様の事例は，2011 年 3 月の東日本大震災でも見られた。

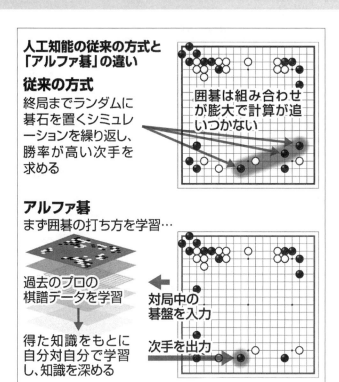

人工知能の従来の方式と「アルファ碁」の違い

従来の方式

終局までランダムに碁石を置くシミュレーションを繰り返し、勝率が高い次手を求める

囲碁は組み合わせが膨大で計算が追いつかない

アルファ碁

まず囲碁の打ち方を学習…

過去のプロの棋譜データを学習

得た知識をもとに自分対自分で学習し、知識を深める

対局中の碁盤を入力

次手を出力

(「AI『直感』学び進化，過去の棋譜使い『最善手』到達」より。朝日新聞 2016 年 3 月 13 日)

自己決定権

> 13条
>   すべて国民は，個人として尊重される。生命，自由及び幸
> 福追求に対する国民の権利については，公共の福祉に反しな
> い限り，立法その他の国政の上で，最大の尊重を必要とす
> る。

Comment

AI との競争？

シンギュラリティ（singularity）という言葉を最近見聞きしませんか？「技術的特異点」といった意味のようですが，要するに，人間が人工知能（AI＝Artificial Intelligence）に追い越される日のことだそうです。そのXデーは，意外に近いかもしれません（学生さんは当分AIに負けそうにない人間くさい職業を選んでくださいね！）。コンピュータでも計算し尽くすことは当面無理などといわれてきた囲碁でさえ，2016年3月にソウル市で行われたAIとの対戦で，世界の文字通りのトッププロが1勝4敗という結果でした。トッププロ同士の対戦でも滅多に打たれない「神の手」と呼ばれる究極の技まで「彼／彼女」は見せたようですよ。

なお，人間を打ち負かせたアルファ碁（AlphaGo）というAI（Google DeepMind社）は，ある程度の情報を教えると，後は自分で勝手にサッカーのミニゲームのような学習を繰り返して進化／深化

していくという，文字通りディープラーニング（deep learning＝深層学習）という仕掛けを組み込まれています。この「神の手」の使い手は，まさに超人的な努力家でもあるわけです（**Material** 参照）。

「努力する天才」そのものであるアルファ碁の進化版は，わずか9か月後の 2016 年から 2017 年の変わり目に，Master（達人）という名で韓国や中国のネット囲碁サイトに非公式に登場しました。そこでは匿名ですが明らかに並みいる世界のトップランカーたちをAI が文字通りなで切りにし，しかも囲碁の長い歴史のなかでも思いつかれることのなかった新手をつぎつぎに繰り出したものですから，ネット上の世界の囲碁ファンは呆然としたそうです。

「正体は何なのか。各国の棋士や囲碁ファンの関心が集まる中，日本時間 5 日午前 0 時ごろ，アルファ碁を開発したグーグル傘下のAI 開発会社ディープマインドの CEO（最高経営責任者），デミス・ハサビス氏は自身のツイッターでアルファ碁の進化版であることを認めた。さらに『われわれの非公式のテストは完結した。今年中に公式戦で披露することになるだろう』とした。」（朝日新聞デジタル 2017 年 1 月 5 日 7 時 16 分より）。こんなセリフを聞いてしまうと，われわれが日々下している「次の一手」の決断が，とてもあやふやで危なっかしいものに見えてしまいますね。それでも神様でも AIでもないわれわれ人間は，限られた情報とささやかな推理力で自分の態度決定（自己決定）を自己責任で行い続けるしかありません。

でも逆にこうもいえるのではないでしょうか。つまり，自己決定権というのは，数ある人権のなかでも人間をいちばん人間らしくする人権です。これがあるから人間は動物とも違うし，コンピュータ

でもなければもちろん神様でもありません。自由意思があるから自己決定できる，だけど全部先を見通せるわけではないから「えいやー！」で自己決定するしかない——こうした人間の強さとはかなさが合わさった人権。もっとも，こういってしまうと，いささか「自己決定権」という言葉の輝きが失われてしまいかねません。それが嫌なあなたには，尾崎豊さんの「15の夜」（作詞作曲・尾崎豊）でもカラオケで熱唱することをお勧めします。

<hr>
自己決定する動物

憲法は自己決定権を保障していると，最近よくいわれています。しかし，条文のどこをみても，自己決定権という言葉は見当たりません。それでは，プライバシー権や環境権などと同じように（**Theme 3**参照），これも「新しい人権」の1つなのでしょうか。まぎらわしいけれども，そうではないようです。

　むしろ，表現の自由にしても信教の自由にしても，あるいは営業の自由だって，自由権というものの基礎にはすべて，「何かをする・しない」の自己決定権があるのです。つまり，自己決定権とは，特別の人権の名称ではなくて，自由一般の本質をいいあらわしたものなのです。

　たとえば，どんな音楽を聴くかは受け手の表現の自由として憲法21条で保障されるし，どんな職業に転職するかは営業の自由として22条で保障されています。けれども，それ以外の，朝何時に起きるかとか，どんな食事をとるかとか，だれとデートするかとかは，いちいち「起床の自由」，「食事の自由」，「デートの自由」などとい

う個別の人権規定で保障されているわけではありません。しかし，これらの自由が国家権力によって侵害されれば，だれだって人権侵害だと思うことでしょう。6時前に起きてラジオ体操に参加しろとか，決まったメニューを残さず食べろとか，この彼女といつどこでデートしろとか，いちいち国が口を出したとしたら，国民は窒息してしまいます。もっとも，最初の2つは，刑務所や学校ではまかり通ってしまいがちですが。

　生活の一挙一動がいちいち規則づくめで，自分の判断で自己決定できないのなら，人間というよりは機械に近いでしょう。どんなにアタマのいい他人が仕組んでいても，お仕着せの人生は生きた気がしません。人間は自己決定する動物なのです。ですから，このような自己決定権，あるいは一般的行動の自由の保障といったものが，13条の「幸福追求権」に含まれているという解釈をとるべきだといわれています。

| 汝の敵の自己決定権 |

　実際に議論される自己決定権は，さきにあげたようなどうでもいい自由たちではありません。代表的な学説〔関連情報①〕は，自己決定権の対象を，①危険行為，②生と死，③ライフスタイルに分け，それぞれ①シートベルト・ヘルメットを着用せずに運転すること，危険な登山に挑むこと，②産む自由・産まない権利，安楽死，尊厳死，③髪型・服装の自由，同性愛の自由を，その主要例としています。

　これらも，いちいち「ノーヘル権」だの「中絶権」だのと命名するべきものではないのです。ただ，「うつぶせ寝の自由」に比べる

と，実際に制約を受けやすい自己決定権の代表例だといえます。

　シートベルトやヘルメットは，道路交通法で着用義務が設けられています。冬山は登山道が閉鎖されることがあります。中国のひとりっ子政策は産む自由を制約しています。妊娠中絶を禁止している国もあります（日本でも母体保護法が濫用されているだけなのですが）。安楽死（自分ではできない）に医者や家族が手を貸すと殺人罪に問われることがあります。髪型や服装は校則ではがんじがらめでした。同性愛を禁止する国もあります……。

　どうして，これら①②③にとくに国家介入が加えられやすいといえば，国家意思（法律など）というものは，とくに民主主義の世の中では，大勢の常識人の意見を反映しているからです。

　まず，①危険行為ですが，常識人は不必要に危険な行為をしないから，冬山登山のように，危険行為を楽しむなんてとんでもない，と考えます（ただし，ご存じのように 2008 年 6 月から車の後部座席でのシートベルト着用も義務化されましたが〔2007 年道路交通法改正による〕必ずしも守られていません。車社会が自分だけは大丈夫という思い込みのうえに成り立っているからかも知れません）。遭難した登山者が無事に自力で下りてきたりしても，記者会見で世間にご迷惑をかけましたと謝ることをなかば強制されていますが，これは登山自体が非常識な行為だという世間の非難を背景にしているのでしょう。

　2004 年春のイラク人質事件（ボランティアなどとして 2002 年のイラク戦争後に自らイラクに入国した日本人 3 名が武装勢力に誘拐され，解放の条件として自衛隊のイラクからの撤退などが要求された事件。後にイスラム聖職者の仲介などにより解放）のときも，「自己責任論」が声高に

言われながら家族が世間に謝罪させられていました。日本社会のいろんな面が見えた事件でした。

②生と死の問題は，妊娠中絶や安楽死など，道徳という多数人の常識が首を突っ込みやすいテーマです。他人の生きざま・死にざまは，本当は自分には関係のない出来事なのですが，出生も死も自分にはコントロールできない運命だから，なんとか道徳や宗教といった共通のルールでもって，その意味合いを画一化したくなるのでしょう。だれかが勝手な生や死の方法をとると，自分の生や死の解釈に動揺をきたす人々が，よってたかってその勝手を許すまいとするわけです。「三途の川，みんなで渡れば怖くない」ということでしょうか。

③ライフスタイルは，とくにわが国のように国民相互のチェックの厳しいお国柄では，人目を引く少数者の自己主張や，自分の本性に忠実な生き方は，多数人のねたみのターゲットになりやすいといえます。LGBTと呼ばれる性的少数者の「自分らしい」生きざまも，「わがまま」とされがちな点に気をつける必要があります（*Break* ④参照）。

> メニューは豊富な
> ほうがいい

自己決定権とは，心地よい響きの言葉です。「個人A子は，自己責任で自己決定して自己表現したら自己実現した」。憲法が想定しているのは，いうまでもなく彼女のような人間像です。各人がその思うところにしたがって，機会の平等の下に自分の夢を追求し，その成果を享受するのが13条の幸福追求権の保障するところです。

しかし，考えれば考えるほど，自己決定権には残された問題も多そうです。

　第1に，自己決定といっても，いったい何について決めるのでしょうか。自分のこと，私事などなどでは，答えというよりは，問題のいい換えにすぎません。しょせん人間は仕事や家庭，地域とのかかわりなど，どれをとっても社会生活者であって，他人とのさまざまなかかわり抜きでは生きていけません。そんな現代人に，自己決定の可能性などあるのでしょうか。むしろいろいろな関係にしばられながら，自分のイメージをたくみに使い分けてそれぞれの人間関係で思いっきり自己実現する――これが現代における自己決定権の実際の姿のようにも思えます。

　第2に，自己決定したつもりでも，選択肢の設定の時点で，実は自分以外のだれかが決めてしまっているのではないでしょうか。それがデザイナーか渋谷の女子高生か，それとも国家権力と大資本の陰謀なのかはさておき。たとえば，アメリカ映画のごく一部しか日本にはやってこないわけです。日本でこれがアメリカ映画だと信じられている，アクションものやSFXものばかりを配給元が輸入し，観客はただ「シネマ1に行くか2に行くか」の選択の自由しか行使できないのが実情のようです。自己決定権を真剣にいうのであれば，自己決定の対象となる選択肢がみえないところで狭められることのないように，とくにそれが何らかの政治的意図の下でなされることのないように，監視していく努力とそのための制度とが必要だということでしょう。

| 自分探しの旅 |

映画といえば，ハリソン・フォード主演の『ブレードランナー』（1982年，ワーナーブラザース）という未来映画（設定は2019年）では，宇宙から舞い戻った人間そっくりの'レプリカント'（クローン技術によるとされる人造人間）たちが，製作段階で自分に組み込まれた「死」（人間にとって代わらせないための自動停止装置）をとりのぞくために，あれやこれやの努力をするさまが描かれています。その映画の最後には，「人はどこから来てどこへ行くのか。'レプリカント'たちも人間と同じように，それが知りたかったのだろう」というナレーションが流れるのです。

　自分の寿命や才能や運命がわからないからこそ，人は自己決定の自由を信じて今日も自分の幸福を追求するのでしょう。ロールズというアメリカの哲学者は，人は自分の才能や運命を知ることができないとき，他人にやさしくなれるのだということを，「無知のヴェール」と呼んでいますが，同じことは個人のがんばりにもいえることなのでしょう。

　毎日の自己決定は，自分の可能性を試す行為であり，いうならば自分探しの営みなのです。正体不明の自分をめがけて無数の自己決定を下す日常——これはたしかにシンドイ人生でしょう。しかし，これがなければ，人間はタダの出来の悪い機械でしかありません。

〔関連情報〕

①　山田卓生『私事と自己決定』(日本評論社，1987 年)

わが国ではじめて本格的に自己決定権の問題をとらえた文献です。

②　矢島基美『現代人権論の起点』(有斐閣，2015 年)

憲法学における人間像，個人の尊厳，クローン，自己決定と「生き方」の問題など，自己決定権の位置づけから現代の問題まで全体像を見渡す研究書です。

③　小泉良幸『個人として尊重：「われら国民」のゆくえ』(勁草書房，2016 年)

自己決定権は行使するのは簡単ですが，公共的存在としての面をもつ個人にとってとてもむつかしい問題を含んでいることを教えてくれる最新の理論書です。

④　小松美彦『自己決定権は幻想である』(洋泉社，新書 y，2004 年)

「自己決定権」という言葉の一人歩きに対して，生命倫理学者が多角的な批判を試みています。

⑤　中西正司＝上野千鶴子『当事者主権』(岩波新書，新赤版，2003 年)

従来専門家に自己決定権を否定されがちであった障害者らの主体性を「当事者主権」という用語を使って回復させるとしています。

Break ④　　性的少数者や障害者の自己決定権

自己決定権は，何でも自分で判断して自分の思い通りに行動できる「普通の」大人にとっては，空気のような当たり前の話だ。1 日に何回「自己決定」したかも数え切れない日々を，われわれは送っている。しかし，人生のなかで重要な選択や，逆に毎日のありふれた選択を，さまざまな事情や環境のために自由にできないでいる人たちが存在する。

たとえば LGBT という言い方がようやく定着してきた性的少数者た

ち（L＝Lesbian, G＝Gay, B＝Bisexual, T＝Transgender）。このうち
T に属する生まれつき心と体の性の不一致に苦しむ人々は，性同一性障
害者として，LG の同性愛者，B の両性愛者（なお，いわゆる両性具有
者には別に I＝Intersexual という用語をあてることが多い）より一足
早く法的救済を得られるようになった。すなわち，2003 年に制定され
翌年から施行されている「性同一性障害者の性別の取扱いの特例に関す
る法律」（性同一性障害者特例法）により，体の性適合手術などを条件
に心に合致する戸籍変更をすること（同法 3 条）や，新しい戸籍上の性
に基づく法律婚（同法 4 条），さらには第三者の精子により妻が出産し
た子を夫である元・性同一性障害者が実子として届け出て親子関係を形
成することも可能となっている（参照，最高裁判所平成 25 年 12 月 10
日第 3 小法廷決定・民集 67 巻 9 号 1847 頁）。

　ところが，LGB の方々が戸籍上同性の相手と法律婚をしようとして
も，日本では同性婚はいまだ法律上認められていない。民法上は特に婚
姻を男女間に限定することを明言する規定はないが，憲法 24 条が「婚
姻は，両性の合意のみに基いて成立し，夫婦が同等の権利を有すること
を基本として，相互の協力により，維持されなければならない。」（1
項）「配偶者の選択，財産権，相続，住居の選定，離婚並びに婚姻及び
家族に関するその他の事項に関しては，法律は，個人の尊厳と両性の本
質的平等に立脚して，制定されなければならない。」（2 項）と規定して
いるのがネックとされている。つまり，1 項で法律婚を憲法は「両性」
の合意に基づくとし，2 項でも「配偶者の選択，……婚姻……に関して
は，法律は，個人の尊厳と両性の本質的平等に立脚して……」としてお
り，男と女という「両性」間の婚姻のみが憲法によって法律婚として予
定されている，というわけである。今日では，北欧・西ヨーロッパ諸国
の多くは同性間の結婚を法律上の結婚（法律婚）として認めるに至って
いる。ドイツは税制や社会保障，養子縁組など法律上の扱いをかぎりな
く同性婚に近づけるものの「同性パートナーシップ」という呼称にとど
まっていたが，2017 年 6 月同性婚が成立した。2013 年ごろからフラン

ス・イギリスは雪崩を打って法律婚承認に踏み切った。アメリカ合衆国では，州ごとに異なる扱いが続いてきたが，2015年6月26日に合衆国最高裁は，同性婚を認めない州法は違憲（合衆国憲法の修正14条平等条項に反する）という画期的判決を下したため，同性婚承認国に名を連ねることになった。

　LGBTの問題が，多数の異性愛者が享受している法律婚や親子関係をLGBTの人たちにも同等に認めれば基本的には解決するという意味で人種差別や性差別などの古典的な差別に類するのに対して，障害者の場合，自己決定権の行使の問題はより複雑である。彼らが実質的に差別から免れ，社会的障壁を乗り越えて社会参加するためには（というより電車に乗るとか買い物をするとかの日常的な「自己決定」の多くがそうなのだが），行政機関や民間の相手方による一定の協力（合理的配慮）が必要であることが多い。2013年6月にようやく障害者差別解消法が制定され（2016年4月施行），そこでは行政機関による合理的配慮を法的義務としているが（同法7条2項），民間事業者との関係では努力義務にとどまるものとされている（同法8条2項）。しかし，2006年に国連総会で採択された障害者権利条約（2008年発効，2014年日本批准）は合理的配慮が民間においてもなされるよう各国を義務づけている（同条約2条・4条・5条参照）。文字通りの社会的障壁（たとえばレストランの美観目的の入口の階段は車椅子障害者にとっては社会的障壁でしかない）を取り払うための民間事業者の作為は，今後の運用や法改正を通じて，合理的な範囲で実効的な義務へと加重されていくべきであろう。

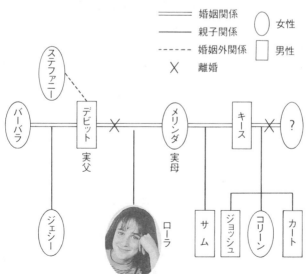

══════ 婚姻関係	◯ 女性
────── 親子関係	☐ 男性
------ 婚姻外関係	
✕ 離婚	

（「マイ・スイート・ファミリー」朝日新聞社提供）

再婚は100日後

> 14条
>   1項　すべて国民は，法の下に平等であつて，人種，信条，性別，社会的身分又は門地により，政治的，経済的又は社会的関係において，差別されない。
> 24条
>   1項　婚姻は，両性の合意のみに基いて成立し，夫婦が同等の権利を有することを基本として，相互の協力により，維持されなければならない。
>   2項　配偶者の選択，財産権，相続，住居の選定，離婚並びに婚姻及び家族に関するその他の事項に関しては，法律は，個人の尊厳と両性の本質的平等に立脚して，制定されなければならない。

Comment

男と女

「男と女」というテーマは，今なお議論の尽きないテーマで，とくに最近は，差別語がさまざまな場面で問題となる時代です。一昔前までは何気なく使ってきた言葉が，あまり使われなくなりました。女性に向かって「男勝（まさ）り」といい，男性に向かって「女々（め）しい」といえば，「それは差別語だ！」といって叱られます。「男のくせに」とか「女のくせに」なども，もってのほか！　いずれはきっと，「雄雄（お　お）しい」とか「大和撫子（やまとなでしこ）」などという形容も含めて，辞書から消えてなくなる時代がくるのかもしれません。ただでさえ表現が貧弱になりつつある日本語から，こうした語彙（ご　い）がどんどんなくなっていくことは，それ自体としては淋しい限りです。

男女今昔物語

たしかに，昔の憲法には両性の平等などは定められておらず，また実際上も法律上も，

いろいろな点で性差別が認められていました。男に妻以外の「女がいる」ことは男の甲斐性ぐらいに思われていましたし，法律にも明らかに男女を差別する規定がおかれていました。たとえば刑法では，妻が夫以外の男性と通じる（つまり肉体関係をもつ）ことは「姦通」という罪になり，その場合の相手の男ももちろん有罪でしたが，夫が妻以外の未婚の女性と通じることは罪にはなりませんでした（戦後改正前の刑法183条）。つまり結婚している男と未婚女性との不倫については，刑法上は何のおとがめもなかったのです。

　また，民法でも，法律上の能力について女性は子どもと同じ扱いをされていました。ですから，妻はマーケットで毎日の食事の買物はできましたが，車を買ったり，銀行と取引をはじめたり，家を抵当に入れるなどといったことは，法律上自分ではできず，妻が自分でそうした法律上の行為をしても，夫はいつでもそれを取り消してしまうことができたのでした（戦後改正前の民法14条〜18条──今ではまったく別の規定になっています）。

　先にあげた民法や刑法の例は，日本国憲法ができた時に，明らかに「法の下の平等」の原則と相容れない性差別の法律制度だとして，廃止されました。また，それだけでなく，とくに家族法の分野では，日本国憲法ができると同時に全面的に見直され，全部新しく書き直されました。

男女平等は男女無差別か？

しかし，憲法に「法の下の平等」の原則があるのだから両性は平等に扱われるべきだといっても，男と女の事実上の違いをまっ

たく無視するのは実際には難しいこともあります。現在の法律でも，男性と女性がすべての点でまったく無差別に扱われているかというと，決してそういうわけではありません。

　たとえば，1947（昭和22）年に全部改正されたこれまでの民法第4編では，法律上の結婚ができる最低年齢（これを婚姻適齢といいます）について，男は満18歳，女は満16歳と定められていました（731条）。その意味でも，憲法の男女平等の原則は決して無差別主義ではありません。男性と女性がどんな点においてもまったく同じように取り扱われると，かえって不合理なこともありうるからです。従来は，そういう趣旨から，たとえば労働基準法などの法律でも，女性を深夜業に従事させることを禁じるなど，女性保護の規定がいくつかありましたが，現在では，これらのうち産前産後の休暇（65条）や生理日の休暇（68条）の規定を除いて，大部分はなくなりました。先に触れた婚姻適齢についても，2018（平成30）年の法改正で男女とも18歳と改められることになりました（施行は2022〔令和4〕年4月1日から）。

離婚・死別・再婚・同棲 etc.

さて，**Material** の写真は，13歳の少女ローラを中心とする1992年のアメリカ映画『マイ・スイート・ファミリー』の一場面です。ローラは，2回の離婚歴をもつ母の一人娘。現在の父は，死去した前妻との間に生まれた3人の子を連れて母と再婚。2人の間には1人の小さな弟。そればかりか，ローラの実の父には，再婚した妻との間に1人の小さい娘もあるが，別居中。その上，若いガー

ルフレンドのお腹には彼の新たな命が……。こうした複雑な家族関係の中で心を痛めているローラが，ささいなケンカがもとで家を飛び出したことがきっかけとなって，ローラを捜すために全家族が大集合……というキッズ・コメディーです。

<hr>

再婚禁止期間 この映画の舞台であるアメリカ合衆国では，多くの法律が州ごとに違うのが普通です。民法もその例外ではありません。ですから，結婚や離婚・再婚についてのアメリカの制度をひとことで言うことはできませんが，たとえばニューヨーク州では，夫婦が1年以上別居していることが離婚理由のひとつとされているようです。おそらくこの映画の場合も，夫婦仲が悪くなって別居した後，あるいは，裁判所で離婚を認めてもらった上で再婚，というようなプロセスをたどったのでしょう（映画ではこのあたりの事情まではっきりしていません）。

ところで日本の場合はどうでしょう。次頁の囲みにある民法の条文を見てください。「前婚の解消」というのは，典型的には離婚の場合ですから，日本の法律では，男性は離婚した次の日に別の女性と再婚できるのに，女性は離婚して別の男性と再婚しようとすると，100日待たなくてはならないということになります。この期間は，「再婚禁止期間」とか「待婚期間」と呼ばれています。

このように，再婚するために一定の期間待たなくてはならない（この期間は再婚が禁じられる）という制度をとる国は，かつては必ずしも珍しくありませんでした。また，ポルトガルのように，女性について300日（ただし，妊娠していない旨の裁判所による宣告がある場合

や，出産した場合は180日），男性について180日の再婚禁止期間を定めている国も，少数ながら，あります。では，このような再婚禁止期間は，いったい何のために設けられているのでしょうか？

ヨーロッパでは，たとえばドイツや北欧諸国などのように，以前は女性のみに10か月の再婚禁止期間を設けていた国もかなりありました（ただし，現在ではほとんどの国で廃止されています）が，これは，女性にも男性にも再婚禁止期間を定める前記のポルトガルの例と同じように，離婚してすぐに再婚することを認めることは倫理的に好ましくないという判断からだと考えられます。また，スイスのように，女性について300日の再婚禁止期間を定めるほか，男女を問わず，離婚に至ったことについて責任のある側（有責配偶者）には，最長2年という長い再婚禁止が裁判所の判決において宣告されるとしていた例もあります。これはおそらく，有責配偶者に対する懲罰の意味もあるのでしょう（現在では再婚禁止期間の規定は廃止されているようです）。

血統の混乱を防ぐため

日本も含めて再婚禁止期間を設けている国のほとんどは，女性だけにこういう期間を設けているのですが，それは上述の理由とは別だと考えられます。

実は，日本の場合は，現在の民法より前の古い民法の時代から，女性だけに再婚禁止期間が定められていたのですが，その理由は，主に「血統の混乱を防止して父性推定を可能にする」ということにあったようです。たとえば，夫Ａと離婚したり死別したりした女性Ｘが，別の男性Ｂとすぐに再婚したとしますと，再婚後になって生まれた子どもの父親は，前の夫Ａかもしれませんし，再婚した夫Ｂかもしれません。Ｂが「これはオレの子ではない」と主張して生まれてきた子どもを自分の子だとは認めなかったりすると，父親がだれかをめぐってもめごとが起こったりします。そういうことを避けようとするところにねらいがあるというのです。つまり，再婚禁止期間は，父親がだれかわかるために必要なのだというわけです。ですから，前頁の囲みにある民法733条の2項の規定にあるように，女性ＸがＡと死別したり離婚したりする前は妊娠していなかった場合や，Ａと死別したり離婚した後に出産した場合は，再婚禁止期間はもはや必要がなくなることになります。

嫡出推定

ところで，日本の民法には，もうひとつ別の規定があります。右の囲みの民法772条の条文をみてください。まず第1項は，一見したところ，当たり前のことじゃないかと思われるかもしれませんが，子どもは，必ずしも結婚している夫婦の子ども

（嫡出の推定）
民法772条 妻が婚姻中に懐胎した子は，夫の子と推定する。
　2　婚姻の成立の日から二百日を経過した後又は婚姻の解消若しくは取消しの日から三百日以内に生まれた子は，婚姻中に懐胎したものと推定する。

とは限りません。あくまでも，結婚している 2 人の子どもだろうという「推定」が働くだけで，夫が自分の子でないことを立証すれば，妻が婚姻中に懐胎した子ではあるが夫の子であるという推定は破られることになります。法律上の「推定」という用語は，そういう重要な意味を持っているのです。

しかし，ここでの問題はむしろ第 2 項です。この規定は，これだけ読んでも意味がわかりにくいので，下の図で説明します。

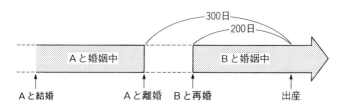

要するに，X が夫 A と離婚した日から 300 日以内に産んだ子どもなら，その子は X が A と結婚していた間に懐胎した A の子だと推定し，B と再婚した日から 200 日以後に生まれた子なら，今度は B と再婚してから懐胎した B の子だと推定しよう，というわけです。ヒトの妊娠期間は約 280 日ほどですから，A と離婚後 300 日以内に生まれた子が再婚した夫 B の子である可能性は薄いし，逆に再婚後 200 日以上経ってから生まれた子が離婚前の夫 A の子であることも考えにくい，というわけです。もちろんここでも，あくまで「推定」にすぎませんから，A や B が自分の子ではないことをちゃんと立証すれば，上の推定は破られることになります。

でも，もしこのような方法で本当に子どもの父親が推定できるのでしたら，上の図からもわかるように，100 日の再婚禁止期間を設

けておけばよいということになります。ところが，実は，少し前までは，民法733条の再婚禁止期間の規定は，現在のように「100日」ではなく「6箇月」となっていたのです。そうなると，民法のこの再婚禁止期間の定めは，約80日分だけ不必要に長すぎるのではないかという疑問が出てきます。しかも日本では（かつてのほとんどの国も同様ですが），上述のように，女性についてだけこういう再婚禁止期間を設けていましたので，この規定は女性Xが再婚する自由を不当に制限しており，性別による差別を禁止している憲法14条1項に違反する不合理な差別ではないか，ということが問題となります。

　学者の間でも，再婚禁止期間の趣旨そのものについて賛否両論があって，そもそも再婚禁止期間自体が不要だとする見解もありますが，父性推定の重複を防止するという目的自体は正当だとしても，6か月という期間は必要以上に長すぎるのではないかという意見が強かったようです。

最高裁旧判例

この規定の合憲性は，裁判でも争われましたが，最高裁判所は，1995（平成7）年の判決で，民法733条の立法趣旨は「父性の推定の重複を回避し，父子関係をめぐる紛争の発生を未然に防ぐことにあると解される」として，憲法違反の主張を斥けました〔判例①〕。

最高裁新判例

ところが，2015（平成27）年になって，最高裁判所の新しい判断が示されました。事

案は，平成 20 年 3 月 28 日に夫 A と離婚した後，その年の 10 月 7 日に B と婚姻した X が，改正までの民法の再婚禁止規定のせいで B との婚姻が遅れたことによって精神的損害を被ったとし，この規定を改正してこなかった国会議員の立法不作為が違法だと主張して，国家賠償法に基づいて，損害賠償を請求したものです。第 1 審と第 2 審ではこの主張は認められませんでしたが，最高裁判所は，結論としては損害賠償の請求は認めず，X の上告を棄却はしましたが，6 か月の再婚禁止期間の規定は，部分的に憲法違反だと判断したのです。

　詳しい理由づけは，判決そのものを読んでいただくとして，ごく簡単に要約すると，最高裁判所は，上に触れた平成 7 年の判決と同様に，父性の推定の重複を回避することによって「父子関係をめぐる紛争の発生を未然に防ぐ」という，再婚禁止期間規定の目的そのものは，「父子関係が早期に明確となることの重要性」からすると，合理的だとした上で，100 日以内の再婚禁止期間は上記の目的からして必要であるが，100 日を超える部分は「合理性を欠いた過剰な制約を課すもの」で憲法 14 条 1 項や 24 条 2 項に違反するとしたのです〔判例②〕。そして，この違憲判決の趣旨を受けて，国会は現在のように民法を改正し（52 頁），女性についてのみ，100 日間の再婚禁止期間が存置されました。

　しかし，昔ならいざしらず，医学の発達した現代では，妊娠しているかどうかということは，かなり早い段階で，しかもほぼ確実に判定できるようになっていますから，再婚禁止期間など決めておかなくても，X が妊娠しているかどうかさえはっきりすれば，すぐ

に再婚を認めても何の不都合もない，ということにもなりそうです。再婚した時に妊娠していれば，再婚後に生まれてくる子はAの子と推定されるし，逆に妊娠していなければ，生まれてくる子はBの子と推定されるからです。

　それに，たとえば70歳の女性が夫に先立たれたあと，とても気の合う人を見つけて再婚したいと思った場合を考えてみれば，もうこの夫婦に子どもができる可能性はないわけですから，再婚するのに100日も待たせる必要はないでしょうし，いったん離婚したあと，やっぱり同じ男性と再婚するような場合でも，再婚禁止期間の規定を適用する必要はないはずです。こういう場合には，実務上も733条1項を適用せずに再婚を認めた例もあるようです。

　さらに，再婚禁止期間を設けたところで，その禁止期間中にXがBと事実上の再婚（事実婚）をするのを防止することはできません。この場合，Xがその期間中の事実婚で懐胎すれば，その子は，前夫Aの子と推定されることになりますが，Aがこの推定を覆すことは必ずしも容易ではありませんから，問題はそう簡単ではありませんが，この点をこれ以上論じる余裕はありません。

| 合理的差別？ |

ところで最高裁判所は，これらの判決も含めて多くの判例の中で，「合理的な根拠に基づいて各人の法的取扱いに区別を設けることは憲法14条1項に違反するものではない」という趣旨のことを繰り返し述べています。性別についても，ずいぶん昔の判例〔判例③〕の中で，男と女の間には事実上「体の違い」があるのだから，場合によっては，女性の

みを不均等に保護したとしても，その取扱いには「一般社会的，道徳的観念上合理的な理由がある」から，平等原則に違反しない，としています。

では，「合理的根拠のある差別」って，いったい何でしょうか？また，だれが合理的かどうかを決めるのでしょうか？　それに，昔なら多くの人が合理的だと考えてきたことでも，今では変だなあと思うようになることだって，いくつもありますよね。何が合理的で何が不合理かという判断は，本当はそう簡単なことではありません。

はじめにも触れましたように，現在では男女差別は少しずつなくなってきています。私企業への女性の就職問題についても，以前は企業の側の単なる「努力義務」にすぎず，実際には深刻な就職差別がまかりとおっていましたが，男女雇用機会均等法の改正によって，現在では，就職の時の募集や採用，配置，昇進，定年，退職などの点で，「女性に対して男性と均等な機会を与えなくてはならない」ことになっています。また，1999（平成11）年には，男女共同参画社会の形成を促進するための基本法ができ，政府みずからがそうした社会の形成を積極的に推進していくこととなりました。今後の発展が期待されます。

Step Up

〔関連情報〕

①　再婚禁止期間の制度について，外国の制度なども含めて詳しく紹介しているものとして，国立国会図書館から出ている『調査と情報』894号（2016年）の「再婚禁止期間──短縮と廃止の距離」があります。

②　本書と同じシリーズの『ライフステージと法〔第8版〕』（副田隆重ほか著，有斐閣，2020年）の中に，結婚，離婚，再婚といった，結婚に関する法制度がとてもわかりやすく説明されており，ここで取り上げた再婚禁止期間についても，簡単ですが，問題点が指摘されています。

③　差別を扱った書物はたくさんありますが，たとえば内野正幸『人権のオモテとウラ』（明石書店，1992年）には，差別にかかわるいろいろな問題がわかりやすく書かれています。

④　また，平等に関する憲法上の問題を全般的に扱ったものとしては，かなり専門的になりますが，阿部照哉＝野中俊彦『平等の権利』（法律文化社，1984年）があります。

〔関連判例〕

①　最高裁判所平成7年12月5日第3小法廷判決・判例時報1563号81頁

②　最高裁判所平成27年12月16日大法廷判決・民集69巻8号2427頁

③　最高裁判所昭和28年6月24日大法廷判決・刑集7巻6号1366頁

この判例は，刑法177条（強姦罪）の規定が合憲だと判断したものです。

④　社会で起こっている性差別の問題なら，いろいろあります。たとえば「住友セメント事件」（東京地方裁判所昭和41年12月20日判決・判例時報467号26頁）は，かつて多くの企業で横行していた「結婚退職制」——つまり女性社員についてだけ「結婚または満35歳になったら退職します」という趣旨の念書をとって採用するという制度——を採っていた会社が敗れた事件です。

⑤　また，会社が男子社員と女子社員とで定年になる年齢に5歳の差を設けることが違法だとされた「日産自動車事件」（最高裁判所昭和56年3月24日第3小法廷判決・民集35巻2号300頁）も有名です。

ただ，上の④⑤の判例も含めて，こうした社会で起こる差別の事例では，憲法の規定を私企業や私立大学などの内部での問題にどのように適

用させるのかという，ちょっと理論的に難しい問題が含まれていますので，ここではこれ以上は触れないでおきます。

Break ⑤　夫婦同氏制

わが国の民法では，「夫婦は，婚姻の際に定めるところに従い，夫又は妻の氏を称する」（民法 750 条）と定められており，結婚するときには，婚姻届にはどちらの氏にするのかを記載しなくてはならないことになっている（戸籍法 74 条 1 号）。これを「夫婦同氏制」という。外国では，このような制度を採っている国もあるが，韓国のように結婚しても姓が変わらない国もある。また，国によっては，夫の姓は変わらなくて，妻が夫の姓に変更するか，旧姓のままにするかを選択できることとしている例や，旧姓と夫の姓を併記することを認める例もある。

わが国の場合，上記の規定は，結婚する 2 人がどちらの氏にするかを決めるという制度だから，この規定自体は，性別によって差別しているわけではないが，婚姻の実態をみると，圧倒的大多数が夫の氏を称する婚姻をしているという社会的事実がある。

この規定について，「氏の変更を強制されない自由」が憲法上の権利であり，民法 750 条の規定が憲法 13 条，14 条 1 項，24 条やいわゆる女子差別撤廃条約に違反すると主張して提起された複数の損害賠償請求訴訟についての上告審判決で，最高裁判所は，「夫婦となろうとする者の間の個々の協議の結果として夫の氏を選択する夫婦が圧倒的多数を占める」としても，それは民法 750 条の「在り方自体から生じた結果であるということはできない」等として，原告らの損害賠償請求を棄却した（最高裁判所平成 27 年 12 月 16 日大法廷判決・民集 69 巻 8 号 2586 頁）。この判決では 5 人の裁判官が同条の規定が憲法違反であるとしており，学界でも，いわゆる選択的夫婦別氏制の採用の是非も含めて，さまざまな議論がある。ただ，2019（令和元）年 11 月 5 日以降は，請求すれば，住民票などに旧姓を併記することが認められるようになった（平成 31 年政令第 152 号）。

孤独な次男「ひけ目」暴発

川崎の両親惨殺

酒あおりバット乱打

入浴して返り血洗う

入試に敗れ落差感

エリート家族内で屈折

調べにも涙みせず

容疑の〇〇〇独房で弁当ペロリ

（朝日新聞 1980 年 12 月 1 日）

むかし親殺しありき

法の下の平等(2)

> 14条
> 1項　すべて国民は，法の下に平等であつて，人種，信条，
> 性別，社会的身分又は門地により，政治的，経済的又は社
> 会的関係において，差別されない。

Comment

むかし，尊属殺人罪
ありき

わが国の刑法は，もともと 1907（明治 40）年に制定されたもので，1995（平成 7）年 5 月 12 日になって，ようやく古い文体が全面的に修正され，ひらがな書きで句読点や濁点も付いたわかりやすい文章になりましたが，それまでの刑法には，「人を殺した者は，死刑又は無期若しくは五年以上の懲役に処する」という殺人罪の規定（199 条）の他に，左下の囲みの中にあるような親殺し重罰の規定（200 条）がありました。

普通の殺人罪の規定はそれほど難しい文章ではありません。人殺しをすると，死刑か無期懲役，あるいは 5 年以上の懲役になるということです。ところが，この規定を左の囲みの中の刑法 200 条と比べてみてください。自分や配偶者（夫・妻）の「直系尊属」

刑法 200 条　自己又ハ配偶者ノ直系尊属ヲ殺シタル者ハ死刑又ハ無期懲役ニ処ス

を殺したときの刑罰は、「死刑」か「無期懲役」となっていて、通常の殺人の時よりも刑罰がずいぶん重かったことがわかります。これがここでのテーマなのですが、本題に入る前に、この条文のことばの意味を少し説明しておきましょう。

(1) 「直系尊属」って何だ？　　まず「尊属」というのは、自分と血縁関係にある人のうちで、自分よりも上の世代にある人の総称で、その反対語は「卑属」です。そして、「尊属」のうち自分の両親や祖父母、曾祖父母のように、自分からみて同一の親系にある尊属が「直系尊属」です。ですから叔父とか伯母など（傍系尊属といいます）はこれには含まれませんが、「配偶者」の直系尊属を殺した場合（たとえば、妻が夫の父親を殺したような場合）にもこの条文が適用されたわけで、実際にも「嫁」が「舅」「姑」を殺したというような事件も数多くあります。

(2) 親殺しはいつでも死刑か無期懲役？　　次に、規定の上では「死刑又ハ無期懲役」となっていても、実際の親殺しについては、どんな場合でもこの条文のとおりに死刑か無期懲役になったわけではなく、刑法に決められている《刑の減軽》のルールが適用されることがほとんどでした。統計では、親殺しの罪で死刑の判決が確定した事件は全体の 1% 未満のようです（この《刑の減軽》のルールについては刑法 66 条～72 条に詳しく定められています）。ここで重要なことは、被告人が親殺しをするにいたった事情がどんなに同情に値するものであっても、この刑の減軽のルールを使う限り、最低「懲役3 年 6 月」の期間は、実際に監獄に入って懲役に服さなければならなかった（「実刑」といいます）という点です。それは、懲役刑を宣

告する際に「執行猶予」という，形だけの刑罰にするためには，宣告する懲役刑は「3年以下」でなくてはならない（刑法25条）のですが，尊属殺人罪の場合にはどうしても「3年6月」より刑を軽くすることはできなかったからです。

親殺し重罰は当然！
──最高裁判所の古い判例

最高裁判所は1950（昭和25）年10月11日の判決〔判例①〕の中で，次のように述べました。「夫婦，親子，兄弟等の関係を支配する道徳は，人倫の大本」であり，「人類普遍の道徳原理」だ。刑法が親に対する殺人とか傷害致死などを一般の場合に比べて重く罰しようとしているのは，親に対する子の道徳的な義務をとくに重視したものだ。刑法のこの規定の主眼は，被害者（尊属）を保護することではなくて，むしろ加害者（卑属）の背倫理性を問題としているのであり，その結果として，尊属親は反射的にいっそう強い保護を受けることになるのだ。つまり，親殺しは普通の殺人よりも道徳的に重い罪なのだから，それに重い刑罰を科すことになっていても問題はない，というわけです。もっとも，この事例は，文字どおりの「親殺し」ではなくて，息子が父親に与えたケガがもとで父親が死んでしまったという，いわゆる「尊属傷害致死罪」（1995年改正前の刑法205条2項）に対するもので，こういう場合に普通の傷害致死罪より重く処罰することは憲法違反ではないというわけです。

ところがその後，最高裁判所は，宇都宮市で起こったショッキングな父親殺し事件に対する 1973（昭和 48）年 4 月 4 日の判決〔判例③〕の中で，次のような趣旨のことを述べました。つまり，子どもはふつうは親（などの直系尊属）に育てられて成人するのだし，親は社会的にも子どものことで責任を負っているのだから，自分を育ててくれた親を敬いその恩に報いることは，社会生活上の基本的な道義であって，そうした自然の情愛とか普遍的な倫理を維持することは，刑法上の保護に値するから，あえて親殺しという行為に及んだ者の背倫理性は特に重い法律上の非難に値する。そうなると，普通の殺人とは別に尊属殺人という特別の罪を設けて，その刑を重くすることは，それ自体としては必ずしも問題ではない。ただ，当時の刑法 200 条の規定は，重罰の程度があまりにも極端で，上に述べたような立法目的を達成するための手段として，著しくアンバランスであり，これを正当化できる根拠はない，と結論づけたのです。

たしかに，この判決のもとになった事件では，殺された被害者（父親）は，実の娘に 5 人も子どもを産ませた挙げ句に，好きな人と結婚したいという娘の気持ちをまったく無視した余りにもヒドイ父親で，裁判所としても，被告人（娘）に大いに同情すべき点があると考えたのだと思われます。それでも，れっきとした親殺しに違いはないのですから，本来なら，刑法 200 条を適用するほかはなかったはずです。ところが，上にも説明したように，普通の殺人なら，こういう事例のように被告人に同情すべき事情（「情状」といいます）があるときは，執行猶予をつけることもできるのですが，刑法

200条を適用する限り，どうしても実刑判決になってしまう。でも，いくら何でもこの娘に実刑を科すには忍びない。そこで最高裁判所は，尊属殺をとくに重く罰する刑法200条が，普通の殺人の規定（199条）に比べて「著しく不合理な差別的取扱いをするもの」だと判断し，憲法14条1項に違反すると結論づけたわけです。

では，結局この被告人はどういう刑罰になったかというと，刑法199条の普通の殺人罪の規定が適用されて，懲役2年6月・執行猶予3年ということになりました。

その後どうなった？

この違憲判決のあった2日後の4月6日に，最高検察庁等から通達が出され，それ以後の殺人事件については，親殺しであってもすべて刑法199条の普通殺人の罪として処理・求刑するようにとの指示がなされました。ですから，この判決以降は，尊属殺人事件として裁判になった例はありません。たとえば**Material**の金属バット殺人事件も，中身は自分の両親を殺したという事例ですが，裁判は普通の殺人罪（懲役13年）で処理されています〔判例⑤〕。

最高裁判所の判決の上述の考え方からすると，国会は尊属に対する犯罪を重く罰する規定をまったくなくしてしまう必要はありませんでした。刑法200条は刑罰が「死刑」か「無期懲役」かという重い刑罰に限られている点が問題なのだ，だから前に触れた205条2項などそれ以外の規定は，普通の場合と親に対する犯罪との間に極端に大きな刑罰の差異はないのだからかまわないのだ，というのが最高裁判所の判決の趣旨だったと考えられるからです。ですから，

66

尊属傷害致死の規定（64頁）については，以前の判例〔判例①〕と同様に，憲法違反とはいえないとしました〔判例④〕。しかし判例③の事例では，裁判官の中に，そもそも，親殺しをはじめとする「尊属に対する罪」について，「尊属」に対する犯罪だからという理由で重く罰する規定を置いておくこと自体が「法の下の平等」に反すると考える裁判官が6人もいました。たしかに，たとえば親に多額の生命保険を掛けておいて，その保険金をせしめようとして，親を殺したり，だれかに殺させるような事例のように，被告人に同情する余地がまったくないような事件もありますが，そういう場合であっても，殺人罪の規定には死刑まであるのですから，別に不都合はないはずです。そして学者の多くも，刑法200条は憲法違反だという意見でした。

ところで，法律を改正したり廃止したりするのは国会の仕事ですから，最高裁判所が違憲判決を出しても，この条文が『六法』からただちに消えてなくなるわけではありません。そして国会は，この違憲判決が出てからも，長いあいだ刑法200条を見直す努力をしませんでしたが，1995（平成7）年になってから，とうとう改正が実現しました。実はこの時の刑法改正の本来の目的は，刑法の「口語化」，つまり，明治以来の古めかしい文章を，憲法の条文のようにひらがな混じりにして，濁点や句読点も用いて，読みやすく書き直すことだったのですが，この改正では，ここで触れた刑法200条や205条2項だけではなく，その他の犯罪（218条の保護責任者遺棄罪と220条の逮捕・監禁罪）も含めて，尊属に対する犯罪を重く罰する規定は，すべて削除されることになりました。こうして，戦後まもな

くの時期から激しく議論され続けてきたこの問題が，立法によって解決されたことになります。

〔関連情報〕

①　三原憲三『尊属殺人と裁判』（第三文明社，1986 年）はこの問題全般を扱っています。**Material** にあげた金属バット殺人事件の判決〔判例⑤〕についても，事実認定を含めて全文が収録されています。

②　中谷瑾子編『子殺し・親殺しの背景』（有斐閣，1982 年）は，子殺し・親殺しを生み出す複雑な背景をさまざまな側面から分析しており，豊富な統計資料も収めてあるので，たいへん参考になります。ただし絶版ですから，図書館などで見てください。

③　山口遼子『セクシャルアビューズ』（朝日新聞社，1999 年）は，親殺しの問題ではありませんが，離婚や再婚によって複雑化する家庭での父親の性的虐待の実態が，被害者の肉声や手記を交えてレポートされており，前にあげてある事例〔判例③〕に関連して，父親と娘の性的関係を描いた衝撃的作品です。

④　野坂泰司『憲法基本判例を読み直す〔第 2 版〕』（有斐閣，2019 年）85 頁以下は，やや専門的ですが，ここで取り上げた 1973（昭和 48）年の違憲判決〔判例③〕をくわしく論じています。

〔関連判例〕

①　最高裁判所昭和 25 年 10 月 11 日大法廷判決・刑集 4 巻 10 号 2037 頁

被告人の弟のために父がとってあったオーバーの生地を「お前が盗んだに違いない」と決めつけられた上，父に鋳物の鍋や鉄瓶を投げつけられてカッとなった被告人が，父にこれらの物を投げ返したところ，当たりどころの悪かった父が死んでしまったという事件です。最高裁判所が尊属傷害致死罪について下した最初の判決です。

② 最高裁判所昭和 25 年 10 月 25 日大法廷判決・刑集 4 巻 10 号 2126 頁

上の①の判決のちょうど 2 週間後に，こんどは尊属殺人罪に関する刑法 200 条についても，この規定が刑罰規定として「死刑又ハ無期懲役」しか選べないようにしているのは，「ちょっと厳しすぎるのではないかなとも思われるが……」といいながらも，この規定を合憲としました。

③ 最高裁判所昭和 48 年 4 月 4 日大法廷判決・刑集 27 巻 3 号 265 頁

この事件については，谷口優子『尊属殺人罪が消えた日』（筑摩書房，1987 年）（絶版）でドキュメントふうに詳しく書かれているのが参考になります。

④ 最高裁判所昭和 49 年 9 月 26 日第 1 小法廷判決・刑集 28 巻 6 号 329 頁

この判決のあと，他の小法廷でも尊属傷害致死罪の重罰については合憲だとする判決が続きました（最高裁判所昭和 50 年 11 月 28 日第 3 小法廷判決・判例時報 797 号 156 頁，最高裁判所昭和 51 年 2 月 6 日第 2 小法廷判決・刑集 30 巻 1 号 1 頁）。

⑤ 横浜地方裁判所川崎支部昭和 59 年 4 月 25 日判決・判例時報 1116 号 49 頁

Break ⑥ 親殺し重罰の系譜 ◆━━━━━━━━━━━━━━━━◆

別に「親殺し」に限らず，人を殺すことは，古今東西を問わずどこの国でも重大犯罪のひとつである。その事情は今でも変わらないが，とくに親を殺すことは，ギリシア時代から特別にタブーとされてきた。有名なギリシア悲劇のひとつ『オイディプス王』（ソフォクレース作）にもこのテーマの一端が描かれている。

英米の刑法には，そもそも親殺しを特別に重い犯罪とする思想はないといわれているが，ヨーロッパ大陸の国々やアジア諸国の刑法では，従来，親殺しは原則として「死刑」になるぐらい重い犯罪とされてきた。

しかし現在のヨーロッパでは，こういう親殺しの重罰制度をおいている国はほとんどなくなってきている。

Mini Window ②

判例の出典

　この本では，**Step Up** の欄で，各テーマにかかわる重要な判例が挙げられています。そこに示されている出典について説明しておきます。最高裁判所が下す判決や決定のうち，重要なものは『民集』（=『最高裁判所民事判例集』）と『刑集』（=『最高裁判所刑事判例集』）に分けて掲載されます。原則として毎月1号ずつぐらい出され，1年ごとに1巻ずつにまとめられますが，1年間に出る号数は年によって必ずしも一定していません。頁数は各巻ごとの通し番号になっており，ふつう判例の出典として示されるのは，各判例の最初の頁です。

　また，これらの判例集には掲載されない判決などについても，地方裁判所や高等裁判所の判決などとともに，たいていは『判例時報』や『判例タイムズ』といった市販の雑誌に掲載されていますので，この本でもここから引用し，その場合の出典は通巻の号数と掲載頁で示されています。

　これら以外にも裁判所の判決などを掲載している書物がありますが，この本では使われていませんので，省略します。

初詣でにぎわう鹿島神宮（毎日新聞社提供）

我が国の信者数
（平成30年12月31日現在）

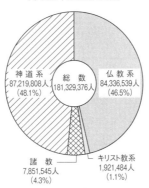

神道系
87,219,808人
（48.1%）

総　数
181,329,376人

仏教系
84,336,539人
（46.5%）

諸　教
7,851,545人
（4.3%）

キリスト教系
1,921,484人
（1.1%）

宗教年鑑令和元年版より。

法廷の宗教戦争

信教の自由

> 20条
> 1項　信教の自由は，何人に対してもこれを保障する。いか
> なる宗教団体も，国から特権を受け，又は政治上の権利を
> 行使してはならない。
> 2項　何人も，宗教上の行為，祝典，儀式又は行事に参加す
> ることを強制されない。

Comment

新興宗教と信教の自由

　　　今日，「信教の自由」の問題を最もはっき
り照らし出すのは何でしょうか。わたしは，
新興宗教の活動だと思います。ここで新興宗教といっているのは，
日本では 1970 年代以降に台頭したいわゆる新新宗教のことです。

　これらは，アメリカでは「カルト」，フランスで「セクト」，ドイ
ツでは「若者宗教」といわれているものです。けっこうマスコミを
にぎわせましたから，あなたも「エホバの証人」，「統一教会」なん
かは知っているでしょう。もっとも，地下鉄サリン事件をひきおこ
した「オウム真理教」ほど有名な教団はないでしょうけどね。

　どんな宗教ももとをただせば新興宗教だったのです。新しい宗教
は，新しい真実・見方・生き方を主張するものですから，従来の社
会秩序と衝突しがちなのはいうまでもありません（イエスが，右の頬
を打たれたら左の頬も向けなさいといった時，「目ニハ目ヲ」を正義と信じ
てきた人たちはさぞ驚きあきれたことでしょう）。このように，新興宗

教は，絶えず摩擦の火種をかかえています。それをのり越え，社会との共存に成功したものが，既存宗教といわれるようになるのです。

新興宗教は，信じない人からすれば，そもそも宗教にさえみえないかもしれません。たとえば，あなたは，鳩山元首相夫人の発言で有名になった「サイエントロジー」を，すぐさま宗教と認められますか？　本当のところ，社会常識に反する教えを信ずる集団にすぎない，と思ったりしているのではないですか？　あるいは，そんなものは邪教で，本物の宗教とはいえない，と感じているんじゃありませんか？

また，信者の言動や外見が，奇妙,不快,さらには現在の社会秩序にとって危険ではないかと思われるような宗教集団もあります。それらの中には，集団的に修行生活をする教団が少なくありませんが，それは，信者の親やきょうだいにとっては，監禁とも，人さらいとも感じられることもあるのです。国は，手をこまねいてみているべきではない，と主張する人が出てくるのも不思議ではありません。

逆に，新興宗教団体や信者の側からすれば，不信心な人たちが自分たちの宗教活動を邪魔しているように感じるでしょう。社会と摩擦を起こしたとき，自分たちの信じる宗教を擁護するためには，争いを避けるべきではないと考える教団もあります。この争いは，暴動や集団自殺という形で暴発することもあります。オウム真理教の「戦争」もこのようなものと考えられます。しかし，現代日本においては法治主義が確立していますから，紛争は暴力によってでなく法律上の争い，すなわち法廷闘争という形で戦われることが多くなりました。法廷の宗教戦争というわけです。

これは，多くの場合，憲法の「信教の自由」をめぐる問題として争われます。そこで，信教の自由がどんなものかを，簡単にみておくことにしましょう。

信教の自由とはどんなものか

憲法で，広く「信教の自由」といわれる20条は，けっこう複雑な条文からできています。しかし，それを内容から大きく2つに分けるとずっと見わたしやすくなります。①個人やその集団（団体）の信教の自由を保障する規定と，②信教に対するもっとも大きな脅威である国教を否認する規定，の2つです。

信教の自由が，このような2段がまえの保障になっているのは，歴史的理由によります。ある時代には，宗教が非常に強力で，国を支配することもありましたし，世俗の権力である国が強く，宗教を政治に利用した時代もありました。いずれの場合にも，宗教と国は密接に関係していたのです。そこでは，国教という制度があるのが普通でした。特定の宗教や宗派が国と結びついて，政治権力を与えられたり，優遇されたりしていたのです。

しかし，ヨーロッパでの宗教戦争や紛争の悲惨な経験から，国教といった制度は国民を幸福にしないのではないか，と考えられるようになります。その結果，宗教は個人の自由にまかせ，国と宗教とを分けるのが望ましい，とされるようになったのです。このような考え方が憲法条文に反映されるようになり，日本国憲法も「信教の自由」として，この2つの部分を内容としているのです。

やや詳しくいえば，①個人や団体の信教の自由は，憲法20条1

項前段・同条2項がこれを保障します。1項前段は正面から規定したもの，2項は，それを消極的側面から確認したもので，独自の意味はないとされています。

　もう1つの要素である②国教の否認は，ふつう政教分離の原則とよばれます。これは，個人や団体の信教の自由を保護するために，政治（＝政）と宗教（＝教）を分け，互いに干渉するのを認めない。国家は宗教的に中立という意味です。憲法20条1項後段・同条3項と，財政的にも分離を要求する89条からなっています。

個人や団体の
信教の自由

　　　　　　　　　　ここでは，信教の自由の中心である①の個人や団体の信教の自由をとりあげることにしましょう。憲法20条1項前段で「信教」といわれているものは，2項の「宗教」とほぼ同じ意味です。ただ，信教には無信仰も含まれることに注意しなくてはなりません。

　ところで，宗教というのは，一般的には，神や仏といった人間を超えるものが存在すると確信し，畏敬崇拝する（おそれあがめる）心の働きをいいます。つまり，聖なるものを認めることを意味するのです。その内容がいかなるものであるか，邪であるかないかといったことは，宗教であるか否かには関係がありません（もっとも自分から邪であるという宗教もないでしょうが）。

　また，超越的な存在を崇拝する心を行動としてあらわすのは当然のことといえます。宗教儀式や布教，宗教団体の結成といった宗教活動は，そこから生ずる自然な姿と考えられます。そこで憲法は，このような内心の働きと外的な宗教活動を含めて，信教の自由とし

て保障しているのです。

　新興宗教も，この「宗教」の観念にあてはまっていれば，信教の自由の保障が与えられます。宗教といわれるためには，たとえば寺院・神殿や本尊など物質的なものは必要ありません。また，何らかの教理や宗規（教団の規則）もいりません。したがって，実際のところ，宗教の定義は非常に広いので，ある新興宗教を宗教でないとするのは無理でしょう。ですから，その外的活動も，たとえば物の販売などであっても，まったくその宗教と無関係といえないかぎり，仏像やお護りだけでなく，印鑑や壺の販売も信教の自由で保護されることになるのです（そういえば商売の神様というのもありますね）。

信教の自由の
限界はどこか

　宗教が内心の働きにとどまる限り，それを規制することはできません。その保障は絶対です。心の中までは，親きょうだいといえども，国といえども立ち入ることは許されない，と考えられるからです。けれども，外部にあらわれる宗教活動については，規制することが認められます。というのは，外部的な活動となると，他人の権利や自由とぶつかることもありますから，絶対的に保障したのでは秩序を保つことができないからです。憲法も 13 条で，「公共の福祉」に反する場合には，規制できるとしていますね。では，規制はどこまで認められるのでしょうか。

　ある判決は，護摩で燻すという加持祈禱で精神障害者を死亡させた行為を，宗教活動と認めつつも，「著しく反社会的」であって，保障の限界をこえるとしました〔判例①〕。学説も，この判決を当然

であるとしています。

したがって，逆にいえば，宗教活動の一環として，たとえば一般社会の目からみて奇妙な宗教儀礼や集団生活でも，それが「著しく反社会的」でない限り，「信教の自由」による保障があたえられるということになります。つまり，法律で規制できないのです。

問題は，「著しく反社会的」というのを，なにを基準にして判断するのかということです。おそらく，「社会通念」によって決めるのでしょう。日本人の多数の意見を基準にするわけです。しかし，日本の多数者は「特にこれといった自覚もなく，伝来の宗教的信仰と宗教的戒律の中にごく普通に生きて来た」（イザヤ・ベンダサン『日本人とユダヤ人』118頁〔角川ソフィア文庫, 1971 年〕）のです。わたしたちは，初詣や先祖供養を宗教活動とはほとんど自覚していません。社会通念というものに，既存の宗教的秩序が含まれているのです。

これは新興宗教にとってもフェアな基準といえるでしょうか。既存宗教を優遇する，新興宗教にとっていささか酷な基準と感じますか？　それとも「著しく」という形容詞がついているから，さほど酷な基準ではないと思いますか？

わたしは，さしあたって次のように考えています。「著しく反社会的」ということは，問題となっている状況で決まります。信仰の内容と関わる場合には，「著しく」ということを厳格に解釈しないと新興宗教の側に酷な結果となるでしょう。単なる社会通念に反しえないというのでは，新しい世界観や倫理観を提供するという新興宗教の役割が果たせないからです。既存宗教は，新興宗教の主張が気にいらないなら論争で対抗すべきものでしょう。原則として，宗

教相互間の競争にまかされるべき分野と考えるのです。

　それに対して，信仰内容に直接関係しない場合，「著しく」ということをさほど厳格に解釈する必要はないでしょう。社会通念上「ひどい」といえればよいのではないでしょうか。このような規制は，信仰自体の妨げになるとは思われないからです。たとえば，宗教団体による印鑑や壺の販売といった行為は，信教の自由に関係するとしても，霊感商法といった詐欺まがいの場合には，規制できるのは当然と思われます。

判例を見てみよう　ハッキリと「著しく反社会的」といえる場合はともかく，現実の社会ではもっとキワドイ形で信教の自由の問題が起こります。最高裁は2つの判決で，より具体的な判断基準を示しました。その1つは，「エホバの証人」の信徒であった高専の学生が，その信仰上の理由から必修科目であった剣道実技の授業に参加せず，留年・退学となった事件です。これに対し最高裁は，本人の不利益がきわめて大きい一方，剣道実技の代替科目を認めるという方法でも教育目的は達成できたはずである，といった具体的な衡量の結果，学校側の措置は「社会観念上著しく妥当を欠」き，違法であるとしました〔判例②〕。

　もう1つは，オウム真理教に対する裁判所による解散命令が信教の自由に反するとして争われた事件です。最高裁は，この解散命令はもっぱら宗教法人の世俗的側面に着目してのもので，解散命令制度の目的も合理的であるとし，それにのっとって行われた解散命令は必要かつ適切であり，違憲ではないとしました〔判例③〕。

いずれも，「著しく反社会的」といった一刀両断ではなく，キメ細かい配慮をしていることに注目してください。

〔関連情報〕

①　宗教に関する一般的な本としては，小田晋『宗教の時代——人は，なぜ神様にシビレるのか？』（はまの出版，1986年）を薦めます。精神病理学の立場から，新興宗教を中心に，宗教と人との「くされ縁」ともいえるような関係を解きあかそうとしています。

②　本格的に信教の自由を知りたい人は，佐藤幸治『日本国憲法論』224頁以下（成文堂，2011年）をみてください。信教の自由全般について，ゆきとどいた説明をしています。チョット難しいですが，トライしてみてください。損はしません。

③　ここでは，個人の信教の自由を主にあつかいました。しかし，**Comment**でも述べたように，信教の自由には政教分離というもう1つ重要な側面があります。とくに，わが国は戦前に国家神道という天皇制と一体になった宗教があり，国教の危険性を体験しました。現行憲法においてもその再現が危惧され，その結果，相当厳しく政教の分離が主張されています。しかし，判例は，その分離があまりに厳格なのは実際的でないとし，いわゆる目的効果基準を採用しています〔判例④〕。

〔関連判例〕

①　最高裁判所昭和38年5月15日大法廷判決・刑集17巻4号302頁

②　神戸高専剣道実技拒否事件＝最高裁判所平成8年3月8日第2小法廷判決・民集50巻3号469頁

③　オウム真理教解散命令事件＝最高裁判所平成8年1月30日第1小法廷決定・民集50巻1号199頁

④　津地鎮祭事件＝最高裁判所昭和52年7月13日大法廷判決・民集31巻4号533頁

市の体育館の起工式を神式で行ったのは，政教分離に反するとしてお
こされた訴訟です。最高裁は，問題の行為の「目的」が宗教的意義をも
ち，「効果」がその宗教に対する援助や圧迫になるような場合にだけ政
教分離に違反するとし，起工式は憲法に違反しないとしました。

しかし，県が靖国神社に玉串料を支出したことが 20 条 3 項・89 条違
反として争われた愛媛玉串訴訟では，最高裁は（平成 9 年 4 月 2 日大法
廷判決・民集 51 巻 4 号 1673 頁）目的・効果基準によりながら，国家神
道の活性化を危惧してか本基準をより厳格に運用して違憲としました。

Break ⑦ 笑う宗教家

喪黒福造という人を紹介しよう。といっても，彼は「笑ウせぇるすま
ん」という漫画（藤子不二雄Ⓐ・中央公論社）の主人公だ。都会にいる
寂しい人のココロのスキマを埋めるのを仕事（？）にしている。家庭の
悩み，昇進や恋の願いを，超能力でかなえてあげるのだ。ただ，喪黒氏
にそれをかなえてもらうについて，チョットした約束をしなければなら
ない。たいていはそれを破ってしまい，夢はおしまいになってしまう。

ココロのスキマこそ，物質的に満たされた現代人の悩みなのだ。喪黒
氏の正体は，どうやら大黒様のようである。大黒天というのは，日本で
は福の神だが，元々は暗黒神（インドのマハー・カーラ）なのだ。一時
の夢は，覚めたあとの人生を，さらに堪え難くするかもしれない。漫画
の落ちでは，大体そうなっている。

このココロのスキマを埋めるという約束は，最近の新興宗教の最大の
ウリになっている。それをかなえるために，超能力や，超科学（科学を
超えたら科学じゃないような気もするけど），神秘学，占いその他もろ
もろが動員され，宗教の内容とされているのだ。

喪黒氏も，超能力があるのだから，宗教団体をつくればいい商売にな
るだろう。そういえば，喪黒氏は，少しオウムの麻原彰晃に似ていませ
んか？

わたしに言はせれば、『四畳半襖の下張』といふ短編小説は、人間が生きてゆくに当つて性がどんなに基本的な、力強い、恐しい作用をするものであるかといふ思想を、小説独特の表現の仕方で表現したものである。ここにあるのは性的人間の人生観、世界観の表明にほかならない。われわれにつきつけられてゐるのは、女は男の玩弄物であり、そしてまた逆に男は女の玩弄物であるといふ残酷な認識である。われわれ読者は（もし読む能力が備はつてゐるならば）『四畳半襖の下張』といふ極めて短い短篇小説において、性こそは人間の根本であり、人間は男女を問はず肉体といふ条件によつて囚はれてゐる悲しい存在であるといふ観念を読みとることができる。もちろん人生をかういふ具合に要約するのは不快なことかもしれないし、断じて賛同できないと反対することも可能でせう。すくなくとも、人生にはもつと別の価値もあると主張することは、奇をてらつた態度ではないとわたしも思ひます。しかし、それにもかかはらず、「その文書の表明する思想や主題が性に関する道徳や風俗あるいは性秩序を攻撃するもので、それがあるいは反道徳的、非教育的と非難されるものであつたとしても、これをわいせつ性の判断に当り考慮に入れることは許されない。」これは二審判決からの引用でありますが、判決のこの部分はまことに妥当なもので、わたしはこの考へ方に双手をあげて賛成します。

そして、『四畳半襖の下張』がかういふ思想を表明してゐるとすれば、エロチックな部分が作品の大部分を占めるのはむしろ当然ではないでせうか。人生でいちばん大事なのはこのことだと思ひつめてゐる以上、はじめから終りまでそのことばかりの短篇小説を書いたとて、別に怪しむには当らない。小説家がそれほどその主題に憑かれてゐただけだ。

表現の自由(1)

> 21条
> 　1項　集会，結社及び言論，出版その他一切の表現の自由は，
> 　これを保障する。
> 　2項　検閲は，これをしてはならない。通信の秘密は，これ
> 　を侵してはならない。

Comment

ポルノって何？

「ポルノ」という言葉を聞くと，この本の
読者のみなさんはどんな連想をしますか？

[**A君**]　ああ，AVとかのレンタルのやつでしょ（なるべく早く卒
業したいんだけど……）。[**Bさん**]　リベンジポルノっていうらしいで
すけど，私の姉の元カレがへんな写真を消去していないらしくて大
ごとになっています。[**C君**]　ポルノグラフィティの大ファンです，
などなど。なお筆者の連想は，1970年代の裏町の「日活ロマンポ
ルノ」です（最近その芸術性が再評価され新作も登場しているようです）。
「日活ロマンポルノ公式サイト」には，日活ロマンポルノとは
「1971年-88年の間に製作・公開された成人映画で，『団地妻　昼下
りの情事』（西村昭五郎監督/白川和子主演）と，『色暦大奥秘話』（林
功監督/小川節子主演）が第1作。わずか17年の間に約1,100本公開
された。……一定のルール（「10分に1回絡みのシーンを作る，上映時
間は70分程度」など）さえ守れば比較的自由に映画を作ることがで

きたため，クリエイターたちは限られた製作費の中で新しい映画作りを模索。そして，キネマ旬報ベストテンや日本アカデミー賞に選出される作品や監督も生まれた。……また，通常3本立ての公開を維持するため量産体制を敷いたことにより，若い人材が育成された。中平康，鈴木清順，今村昌平ら稀代の才能をもつ監督のもと助監督として経験を積み，ロマンポルノの中で作家性を発揮した監督として，神代辰巳，小沼勝，加藤彰，田中登，曾根中生ら若き才能が生まれ，あらゆる知恵と技術で「性」に立ち向い，「女性」を美しく描くことを極めた。」とされていますから（http://www.nikkatsu-romanporno.com/about/），そのうち「クールジャパン」の一翼をなすようになるかもしれません。それはさておき，表現の自由という人権のなかでも一番大事だとされる人権の行使として，性表現はどこまで許されるか，という問題を考えていきましょう。

　さて，3Dというすごい技術が一般社会で普及してきましたね。さっそくそれを使って「自己表現」してしまったのが，「ろくでなし子」という名前で活躍されているアーティストさん。わいせつ物頒布罪を定める刑法175条1項は，「わいせつな文書，図画，電磁的記録に係る記録媒体その他の物を頒布し，又は公然と陳列した者は，2年以下の懲役若しくは250万円以下の罰金若しくは科料に処し，又は懲役及び罰金を併科する。電気通信の送信によりわいせつな電磁的記録その他の記録を頒布した者も，同様とする。」としています。彼女はこの条文が犯罪としている「わいせつ物陳列」等の罪状で起訴されましたが，2016年5月9日，東京地方裁判所は「一部無罪」というなかなか乙ともいえる判決を言い渡しました。

すなわち，女性器をかたどった作品を店内に置いた行為が罪に問われたわいせつ物陳列罪につき，「本件各造形物が女性器を象ったものだとしても，一見して人体の一部という印象を与えるものではなく，直ちに実際の女性器を連想させるものとはいえない。」という理由で無罪としたのです。わいせつ電磁的記録等送信頒布罪等のみ有罪・罰金40万円とされました（2017年4月13日の東京高裁判決も一審判決を維持し，無罪の部分が確定。2020年7月16日の最高裁判決で有罪の部分も確定）。

「わいせつ」か芸術か，それともただの「人間としての当たり前」なのか。芸術にとっても大問題ですが，表現の自由にとってもこうした「限界事例」が簡単に処罰されてしまうと，表現で常識を突き破ることができなくなってしまいかねません。したがって，わいせつ表現規制・ポルノ規制も表現の自由にとっては一大事なのです。

表現の自由は偉い

ここで，表現の自由の一般論的な説明をしておくと，表現の自由は日本国憲法の保障する人権のなかでもとりわけ重要度の高いものといわれています。これを「表現の自由の優越的地位」などといいます。その理由としてふつういわれるのは，次の3つの点です。

①人間はコミュニケーションしたいという本性（人格的欲求）をもっているから，表現の自由をむやみに規制すると，この本性を否定することになってしまいます。携帯メールや長電話も人間の人格的欲求なのだから，親は高校生の子どもを叱るかわりに電話会社に値下げを要求するのがスジだというわけです。

②多様な意見が自由に発表され，人々がそれらを自由に批判した

り反論したりする場（「思想の自由市場」という呼び方をします）が保障されてはじめて，人間社会が進歩し真理に近づいていくことができるのです。表現の自由を制約すると，正しい意見がヤミからヤミに葬られるかもしれないし，たとえ間違った意見であっても，みんなが批判して淘汰（なくしていくこと）すればいいのだから，いずれにしても表現の自由を制約することは許されません。

「真理」なんていうと（「オウム真理教」なんていうのもありました）マユつばですが，とりあえずみんなでわいわい議論して，他人を納得させたものがその時点では「正しい」というしかない，ということなのです。もちろん社会の多数派は，自分たちでどんどん新しいアイデアを発表できるほど賢くはないでしょうが，古い常識にとらわれずに，柔軟に新しいアイデアに耳を貸すことはできるのです。自分では偉いつもりのお役人や「学識経験者」たちが，密室の中で何が正しくて何が間違いかをふり分けるのに比べると，大勢で考えたほうがよっぽどマシだというわけです。

③民主主義と表現の自由は不可分一体ですから，憲法が民主主義という政治体制を掲げるからには，表現の自由を保障するのは当然です。民主主義が本物の民主主義といえるためには，とくに少数意見の発表の自由が必要不可欠です。

民主主義というのは，たえず少数意見にも多数意見となるチャンスを確保している政治体制のことです。多数派が今たまたま多数派だからというだけで，これから先も少数派に逆転されないように，少数意見を発表しにくくすることができるのでは，民主主義の自殺行為です。だから表現の自由は，法律という多数派の意思によって

自分に都合よく制約されてはならないということになります。

ポルノも偉いの？

こういった理由で，表現の自由が大事だといわれますが，さて，ポルノ表現はこの①②③が想定しているような立派な表現類型といえるのでしょうか。どれにもすんなりとはあてはまらないようです。

　まず①の人格的欲求という点ですが，たしかに芸術表現なら人格的欲求のあらわれといえるでしょう。ポルノも芸術と重なってはくるのですが，アダルトビデオやヘアヌード写真が伝えているのは，「自分はセックスや女性ヌードをこう解釈する」という主張ではなく，ただの（誇張された）事実そのものにすぎないようです（ただし，**Break⑧**でみるように，ポルノを女性差別の悪しきメッセージととらえる見方も打ち出されています）。

　次に②の「思想の自由市場」という考え方については，ポルノをけしからんとか，特定の写真集が物足りないとか批判することはできても，ポルノ表現そのものは「正しい」とか「間違っている」とかいうレベルの代物ではありません。ポルノは人間文明が発生したときからあったのでしょうが，何万年も同じ内容を繰り返しているだけで，進歩も退歩もないのではないでしょうか（クロマニョン人が住んでいたどこかの洞窟から，ポルノの壁画でもみつかれば愉快ですね）。もちろん，表現手段の進歩はあります。最近はポルノビデオのネット配信まであるようですから。

　③の民主主義とのつながりという点については，ポルノと民主主義を結びつけるのはやはり難しそうです。だいたい民主主義と結び

つく言論なら，大勢が集まってああだこうだとわいわい議論するという性質のもののはずです。これに対して，ポルノは「ひとりでこっそり」というものなのです。

　このように，表現の自由が大事だという理由のひとつひとつにポルノはうまくあてはまってこないのです。そこで，そもそもポルノなどは憲法が保障している表現の自由の対象に含まれないのだ，という考え方も生まれてきます。そうなると，なにが「ポルノ」かが問題となるだけで，ポルノをどの程度，どこまでなら表現の自由によって保護すべきか，という議論は必要ないことになります。つまり，ある表現をポルノだと決めつけてしまえば，あとは簡単にポルノの規制ができることになります。

　しかし学説は，「そもそもポルノは表現の自由の対象にならない」という考え方を拒否してきました。なぜかといえば，なにが「ポルノ」かの定義自体が大変難しい以上，逆に立法者や裁判官の一方的な定義づけで，ポルノと境界線があいまいな芸術表現までもが表現の自由の保護を受けられないことにもなりかねないからです。ヌードが全部ポルノとイコールで表現の自由の保障を受けられないなどということになると，ミロのヴィーナスのような傑作が，この文章ほどの扱いもされないことになってしまうでしょう。

　そこで，ポルノといえども，一応表現の自由の保障の対象だと考えたほうがよいことになります。そのうえで，ポルノ規制が表現の自由に対する許された制約といえるかどうかを議論すべきなのです。もし本当にポルノを取り締まるだけの正当な理由があるのなら，このように合憲だといえるためのハードルを高く設定しておいてもわ

いせつ文書頒布罪はやっぱり合憲ということになるでしょう。

性表現に過敏な最高裁　　それでは，実際の事件で裁判所はいずれもどのような判断をしてきたでしょうか。次のクイズに答えてください。

第1問　Ｄ・Ｈ・ロレンス，マルキ・ド・サド，永井荷風はいずれも有名な作家だが，どんな作品を残しているか。
第2問　伊藤整，渋澤龍彦，野坂昭如の共通点を挙げよ。

答えは，『憲法判例百選Ⅰ〔第7版〕』（有斐閣，2019年）などの主要な判例教材をみればわかります。

第1問の答え　順に『チャタレイ夫人の恋人』，『悪徳の栄え』，『四畳半襖の下張り』。ただし他の作品でももちろん正解。また最後のものは，永井荷風作といわれているだけで，本人が生前に発表したわけではない。

第2問の答え　それぞれ第1問の答えで挙げた作品を翻訳したり紹介したことによって，わいせつ文書頒布罪に問われ，憲法の主要判例に名を残している（いずれも有罪判決が確定している）。

まず，チャタレイ事件の最高裁判所大法廷判決〔判例①〕では，刑法175条の「わいせつ文書」の定義として，(i)むやみに性欲を刺激し，(ii)普通人の正常な羞恥心を害し，(iii)善良な性的道義観念に反するものをいうとされました。そして，(i)と(ii)については実際に人々がどう感じるかではなく，あるべき社会常識を代表する裁判官が判断するといっています。この判決は，裁判所は「社会を道徳的

頽廃から守らなければならない」とか,「臨床医的役割を演じなければならぬ」と勇ましいことをいっているのですが,相手はたかが活字なのです。この判決はかれこれ 60 年前のものなのですが,今日でも主要な判例として権威をもちつづけています。もしそこらのヘアヌード写真がわいせつ文書頒布罪で起訴されたら,いま最高裁判所はどういう反応をするのでしょうか。

裁判所に道徳の番ができるか

それはともかく,チャタレイ判決が打ち出した基準は決して明確とはいえないし,この判決が,わいせつ文書頒布罪の立法目的は最小限度の性道徳を維持することであるといっていることも引っかかります。道徳に反するのはよくないことだとしても,道徳自体がその時代の多数人の常識といったものですから,法で強制するべきものではありません。法律が,多数派が少数派をいじめる手段にされてはならないのです。

その後,『悪徳の栄え』事件の最高裁判所大法廷判決〔判例②〕は,わいせつ性の有無を作品全体のなかでとらえるという「全体的考察方法」をとり,『四畳半襖の下張り』事件の最高裁判所判決〔判例③〕はさらに一歩進めて,芸術性が高ければわいせつ性が弱まるといった「相対的わいせつ概念」をとりました(なお,**Material** の文章は,文学論にも定評のあった丸谷才一という作家が同事件の二審判決を論評したものです)。けれども,道徳を守るために表現の自由を制約していいのかという基本的問題点については,判例は相変わらず何も答えていません。ヘアヌード写真の写真家や出版社が(場合によっ

てはモデルも）起訴されていないのは，警察が「わいせつ」の判断
基準を大幅にゆるめたからであって，道徳の問題から法律が手を引
いたわけではないのです。

　私の意見をずばりいいましょう。わいせつ文書頒布罪でポルノ表
現（の過激なもの）を取り締まるのは，道徳上の理由によって人権
を制約するもので許されないと考えます。刑法175条は違憲です
（ただし，92頁の**Break**⑧のオチも見てください）。

　なお，ビデオや写真など，モデルがいる場合には，大人の女性が
自分の自由意思で被写体になっている場合でないと，以上の議論は
成り立ちません。自己決定能力に乏しい子どもが親や業者に強制さ
れたりだまされて，売春や児童ポルノに出演させられている例は世
界中に山ほどありますが，インターネットの児童ポルノ画像の多く
は日本から発信されているそうです。そこで1999年5月，児童買
春・児童ポルノ処罰法が成立しています（2014年6月改正）。この法
律により，18歳未満の児童を被写体とする児童ポルノの販売等を
行った者には最高で懲役3年の刑が科せられます。また，2014年
の改正により，「自己の性的好奇心を満たす目的で，児童ポルノを
所持した者（自己の意思に基づいて所持するに至った者であり，か
つ，当該者であることが明らかに認められる者に限る。）」は1年以
下の懲役または100万円以下の罰金に処することとされました（7
条1項）。

　なお，この法律は当初「児童ポルノ」を「衣服の全部又は一部を
着けない児童の姿態であって性欲を興奮させ又は刺激するもの」（2
条3項3号）などと定義していましたが，これは表現の自由の規制

立法として必要な明確さを備えていないのではないか，といった批判があったことなどにより，2014 年の改正時に「衣服の全部又は一部を着けない児童の姿態であって，殊更に児童の性的な部位（性器等若しくはその周辺部，臀部又は胸部をいう。）が露出され又は強調されているものであり，かつ，性欲を興奮させ又は刺激するもの」という定義に変更されています。

Step Up

〔関連情報〕

①　T・I・エマースン（小林直樹＝横田耕一訳）『表現の自由』（東京大学出版会，1972 年）

表現の自由についての法学的観点からの古典的名著です。

②　C・A・マッキノン（柿木和代訳）『ポルノグラフィ』（明石書店，1995 年）

フェミニズムの旗手による反ポルノグラフィーの書。ポルノが「表現」ではなく，女性を差別し虐待する「行動」であることを示す本です。

③　紙谷雅子「イメージ一枚で四億円？──チャイルド・ポルノグラフィ抑止の値段と表現の自由」松井茂記編著『スターバックスでラテを飲みながら憲法を考える』（有斐閣，2016 年）

児童ポルノの単純所持の処罰やわいせつ表現規制全般について，会話形式でわかりやすく掘り下げて論じています。

〔関連判例〕

①　チャタレイ事件＝最高裁判所昭和 32 年 3 月 13 日大法廷判決・刑集 11 巻 3 号 997 頁

②　「悪徳の栄え」事件＝最高裁判所昭和 44 年 10 月 15 日大法廷判決・刑集 23 巻 10 号 1239 頁

③ 「四畳半襖の下張り」事件＝最高裁判所昭和 55 年 11 月 28 日第 2 小法廷判決・刑集 34 巻 6 号 433 頁

𝐵𝑟𝑒𝑎𝑘 ⑧　フェミニズムとポルノ規制合憲論　・・・・・・・・・・・・・・・・・

　近時のアメリカでは，これまでとまったく違う角度から，ポルノ規制の合憲論が有力になっている。すなわち，ポルノは女性を商品化し差別するメッセージを含んでおり，いわゆる「差別的表現」だから規制してもいいという議論である。マルクス主義なきあとに，いちばん包括的な問題提起をさまざまな分野で展開しているフェミニズムの陣営からでてきたアイデアの 1 つである。

　これまで当たり前のように使われてきた言葉や法概念のなかに，実は女性の役割を家庭内にとじ込め，女性をおとしめる要素が含まれていることを鋭く指摘するのが，フェミニズムの方法論といえる。たしかに今のポルノは，男だけがみるように作られているといえようから，「差別的表現」と捉えることもできるだろう。しかし，ぼつぼつ男性ヘアヌードなんていうのも出てきているようだ（売れ行きは悪いようだが）。女性が男性を商品化して楽しむポルノが出回るようになるまで，私の刑法 175 条違憲説は，お預けということにしておこう。

・・・

自販機荒らしの手口を説明した
「悪のマニュアル」

手口まね自販機荒らし

中学生ら検挙

「有害図書」指定働きかけ

大阪府警

自動販売機のコイン投入口に防犯用夜光洗剤を住人が塗るという新手の自販機荒らしが大阪を中心に広がり、大阪府警は二十八日正午までに、門真市内の中学生らのグループらの窃盗容疑で検挙、補導した。この手口、少年犯罪に詳しい書名入りのあらゆる犯罪の手口を紹介したハウ・ツー本に紹介されており、繁華街の書店で販売されていることが今年二月に問題化していた。同府警やこれまでの自販機荒らしの多くがこの本を見ているらしいとにらんで全国の自治体に働きかけ、犯罪防止を指示している。

し、自販機に内蔵されている集団装置などを狂わせ、釣り銭を盗むという新手の自販機荒らしが大阪を中心に広がり、大阪府警は二十八日正午までに、門真市内の中学生らのグループらの窃盗容疑で検挙、補導した。この手口、少年犯罪に詳しい書名入りのあらゆる犯罪の手口を紹介したハウ・ツー本に記載されており、繁華街の書店で販売されていることが今年二月に問題化している。同府警やこれまでの自販機荒らしの多くがこの本を見ているらしいとにらんで全国の都道府県警に防犯体制を指示している。

「悪のマニュアル」
─犯罪紹介のハウ・ツー本─

調べでは、Aらは二月二十九日夜、門真市内の電器店にあった清涼飲料水の自販機にインク投入口から合成樹脂用の接着剤を流し込んで機械を狂わせ、翌朝口に出てきた釣り銭二千五百円を盗むなど、十一晩に、門真市周辺の八カ所の自販機から計一万七千五百円をつかんだ。このほかAらは二月末から捕まるまでに同じ手口で守口市や大阪市内で計三十八件、七五千二百円を盗んだとみられ、Aらは「(悪の)マニュアル」は強いことを自供した。

発生、補導されたのは「門真市内の公立中学二年生、Aら六中学生七人と六十代の無職の少年ら十二人。

実市周辺で続発、門真署が手口を洗い出すと、いずれも「悪のマニュアル」に同じであることが判明、少年らから捜査を進めていた。「悪のマニュアル」は強いことを自供した。

夜光洗剤は水に比べ粘着性が高く、詐欺の手口から火炎びん製作法までイラスト入りで解説。自販機に住みかえる、類似の例を挙げて連続窃盗に掲。三本の同質問目項に分類して流し、現在自販機の機械式は防ぐようなくう、改造に多額の費用がかかる。

好意に、Aらの目的から手口の要点まで一百円、五十円、十円の三種類の硬貨のうち一種類すべて窃盗口に出てしまうと同時に、自販機荒らしも、この方向へは、無理にとらわけな
いことを自供した。

(毎日新聞〔大阪〕1988年5月26日)

人殺し教えます

表現の自由(2)

21条
　1項　集会, 結社及び言論, 出版その他一切の表現の自由は, これを保障する。
　2項　検閲は, これをしてはならない。通信の秘密は, これを侵してはならない。

Comment

自販機の氾濫

　自販機といえば, ひと昔前までは, ジュース, ビール・酒, お菓子, 週刊誌, 新聞, テレフォン・カード……考えつくものはせいぜいコンドームあたりまででした。しかし最近では, CD, DVD, アクセサリー, ハンコ, 下着類まで, ほんとうにさまざまな物が自販機で売られています。

　日本社会はまさに自販機社会といってもよいほどです。おそらく, 日本ほど全国津々浦々まで自販機がある国は, 他にはあまりないのではないでしょうか。自販機が置いてあれば, すぐに破壊されて中の金品が盗られてしまう国が多いのに, 日本では無数といってもよいほどの自販機が氾濫しているのは, 日本がそれだけ安全だということなのでしょうか。いつでもどこでもお茶や水が手に入るのは, たしかにとても便利ですが, 全国の自販機は, かなりの電気を消費しているので, エネルギー問題や地球環境の問題などを考える上でも, 将来はどうにかしなければならない時代がくるかもしれません。

さて，**Material** の新聞記事によりますと，当時とくに大阪を中心に，自販機荒らしの被害が広がり，大阪府内の中学生らのグループが，自販機から現金を盗んだという疑いで検挙・補導される事件が発生しました。自販機のコイン投入口に台所用液体洗剤を注入して，自販機に内蔵されている集積回路を狂わせ，返却口に出てきた釣り銭を盗むという手口だったそうです。

ところが，検挙された中学生らの自供から，実は，1987年に出版された『悪のマニュアル』という書物に，この手口がそっくりそのまま書いてあることがわかったというのです。この時期，同様の手口による自販機荒らしは京阪神だけでも数百件にも上ったと新聞は伝えています。これ以外にも，盗みで捕まったある外国人が小銭ばかりを所持していたので問いただしてみると，やはり自販機から釣り銭を盗んだことを自供した，という事件もありました。

このころ，書店の店頭に『完全自殺マニュアル』とか『いじめ撃退マニュアル』というような題名のハウ・ツー物が平積みされて売られているのを，よく見かけました。これらの中には，本当に「役に立つ」ものもあって，場合によっては重宝なものかもしれません。でも逆に，「暗殺者，殺し屋のノウハウを集大成」したという『ザ・必殺術』のように，たいへん困った書物も登場しています。

Material の『悪のマニュアル』には，目次の最後のところに「本書は，この世に存在する悪の数々をモデル化したものです。現実の

不幸な事実をおおい隠すのではなく，その実態を明らかにすること
こそが必要であると考えるからです」と書かれており，また本の最
後の頁にも，気づかないほどのとても小さい字で，「本書の悪用を
断固として拒否」と書いてあって，この本が「正しい」目的から書
かれたものである旨が主張されています。しかし，実はこの本には，
レイプの基本，金品の収得法，侵入強盗の仕方，年寄りのだまし方，
女のだまし方，自販機のだまし方，留守番電話盗聴法，火炎びんの
作り方，債務の踏み倒し方，毒薬一覧などなど，サリンの作り方こ
そ書いてはなかったようですが，さまざまな犯罪を成功させる方法
が事細かに説明されています。しかも，終始一貫して「加害者」の
立場から書かれています。これは文字どおり「犯罪の手引書」とい
って間違いないでしょう。

　そこで，『悪のマニュアル』は青少年に有害な図書だとして，35
もの都道府県が有害指定をしました。すると，さすがにヤバイと判
断したのか，今度はこの本の修正版が，『危ない!!』という別のタ
イトルで出版されました。こちらも，内容的には『悪のマニュア
ル』ときわめて類似しており，多くの部分はこれをもとにして書か
れていることがわかります。もっともこちらの方は，ごく一部は，
「被害者」サイドからの叙述に書き直されていて，「悪の手口と防犯
百科」という副題からしても，「防犯手引書」としての側面もまっ
たくないわけではありません。実際，この本を読んだことが役に立
って，痴漢による被害を免れたとか，悪徳商法の手口に乗らずにす
んだとか，そういった経験をもつ人もいるかもしれません。そうな
ると，いちがいにこういう書物が悪いともいえないことになります。

さて，出版の自由は，憲法21条によって
保障されている重要な人権のひとつですか
ら，こうした本もあくまで本である以上，
その出版を規制することはできないのでしょうか。たとえば，オウ
ム事件で世間を騒がせたサリンのような毒ガスとか，ボツリヌス菌
のような細菌爆弾とかの作り方が，事細かにていねいに説明されて
いる本が，世間に出回るということになれば，大変ですよね。いく
ら出版の自由が憲法で保障されているからといったって，こんな本
を出版することは許されるのでしょうか？

　出版の自由を含む「表現の自由」が，憲法の保障する人権のなか
でもとりわけ大切なものだ（表現の自由の優越的地位）ということか
ら，それを規制しようとする法律に対しては厳しい目でチェックし
なくてはならない，ということについては，**Theme 8**（「ポルノの権
利」）で説明されています（82頁以下）から，ここでは多くは繰り返
しません。でも，そこで検討されているポルノ表現へのあてはめと
同じように，『悪のマニュアル』の例のような，犯罪を首尾よく成
功させるためのテクニックを読者に詳しく教えてくれる本について
も，表現の自由が大事だとされる理由（84頁〜86頁）のどれかにあ
てはまるでしょうか。しいてあてはめるとすれば，①の人間の「コ
ミュニケーションへの欲求」という理由ぐらいでしょう。"殺人や
窃盗のように，どこの国ででも悪いこととされている犯罪であって
も，それが自分にとって何らかの利益になる場合には，それを首尾
よくやりとげられる方法と聞けば，誰だってノドから手が出るほど
知りたいと思っているはずだし，こういう情報をお互いにコミュニ

ケーションし合いたいという欲求は制限するわけにはいかない”という
ということになるのでしょうか。でも、いくら表現の自由が保障され
ているといったって、こんなアブナイ情報を不特定多数の人に提供
する自由を野放しにしておくことは、やはりできない相談ではない
かとも思われるのですが、あなたはどう思いますか？

犯罪をけしかける
表現行為の規制

ところで、一般的には今の憲法の下でも、
犯罪を「せん動する」（けしかける）ような
内容の表現については、これを法律で制限
してもよいと解釈されているのですが、刑法にはこうした行為を処
罰の対象にしている規定はありません。しかし、たとえば地方税法
では、税金を徴収しないようにとか、納めないようにとかいうよう
に、納税の妨害をせん動することを、処罰の対象としています（地
方税法21条）し、破壊活動防止法（いわゆる破防法）は、内乱罪（刑
法77条以下）とか外患罪（刑法81条以下）とかを教唆したりせん動
したりする行為を、同法上の犯罪として処罰の対象としています
（破防法4条、38条）。そしてこの破防法のせん動罪については、最
高裁判所は、次のように述べています。“せん動は、たしかに表現
行為としての性質を有してはいるけれども、公共の安全をおびやか
す重大犯罪（たとえば、放火罪、騒擾罪など）をひき起こす可能性の
ある社会的に危険な行為だから、公共の福祉に反し、表現の自由の
保障を受けるに値しないものとして制限を受けてもやむをえない”
というわけです〔判例①〕。

　しかし、破防法に関係するようなせん動というのは、多かれ少な

かれ，政府の政策に対する批判を含んでいたりしますから，こうした表現は，**Theme 8** で挙げられている「表現の自由が大事だとされる理由」の②とか③にあてはまる可能性があります。ですから学者の間では，何らかの意味で政治的な言論については，憲法は最大限の尊重をすべきことを求めているはずだとして，この判決のように簡単に破防法のせん動罪の規定を合憲だとしたことについては，むしろ批判的な見解が多いといえます。

犯罪マニュアル本の規制？

しかし，ここでのテーマになっている出版物の場合は，犯罪のせん動とはちょっと違うし，かといって，政治的思想の表現といったものでもないといえますから，上で触れた最高裁判所の判決と一緒にはできません。また，こうしたマニュアル物の出版が裁判で話題になったことは，今までほとんどありませんし，法律でもこうした出版を規制できるものはありません。せいぜいあるのは，ほとんどの都道府県が青少年健全育成条例というような名称の条例で，青少年に有害な図書として指定した書物などが，青少年の手に渡らないようにしようと，さまざまな工夫をしているぐらいです。でもこの規制も，本が出版されてからあとに規制する方法（事後抑制）ですから，書物が出版される前に，あるいはそれが書店に出回る前に規制する（事前抑制）ことはできません。それは憲法が「検閲」という制度を禁止している（21条2項）ことと関連します。

では,《検閲》って何でしょう。これについては, 多少難しい議論があります。ここではその議論には深入りしませんが, 書物の出版ということに関連させておおまかにいいますと, 要するに, 行政の機関が, 出版されようとしている本などの内容を, まえもってチェックして, 適当でないと思うときにはその出版や販売を禁止してしまうことです〔判例②〕。つまり, 上でいったような《事前抑制》をしてしまうことだといってよいでしょう。こうしたことが行われれば, 国民のいろんなものの考え方とか情報が広く流布するのを阻止するために, 国が前もって網を張って, 国にとって都合のよい考え方とか情報だけを国民の目に触れさせ, 逆に, 都合の悪いものは国民の目に触れないようにすることを認めることになります。そこで憲法は《検閲》を禁止して, そういうことが絶対にないようにしようとしているわけです。ですから, いくらアブナイ書物でも, 原則的には, 出版されたあとになってからでないと規制できないしくみになっているのです。考えようによっては, 推理小説の中にだって, 相当にアブナイものがかなりありますからね!

でも, ちょっと考えてみてください。上に紹介したような犯罪方法のマニュアル本の場合には, これがひとたび世間に出回ってしまえば, もうこの情報を断ち切る手段はほとんどありません。こうした本の内容をコピーしたり, インターネット上にアップしてしまえば, ごく簡単に, 多くの人が, 毒薬の調合の仕方とか, 殺人や盗みがうまくいく方法を知ってしまうことになります。オウム真理教による地下鉄サリン事件や銃の発射事件などがたて続けに起こったり

して，日本もかなり「危ない」社会になってきているようですが，この傾向はもう，どうしようもないところまできているのでしょうか。どうしたら，安心して，しかも自由を抑圧されずに暮らせる社会をつくっていけるのでしょうか？　あなたも真剣に考えてみてほしいと思います。

〔関連情報〕

　表現の自由について書かれた書物はたいへん多いので，とりあえず**Theme 8**（91頁）に挙げられてあるもののほか，専門的な書物ですが，市川正人『表現の自由の法理』（日本評論社，2003年）と，毛利透『表現の自由』（岩波書店，2008年）だけを挙げておくこととしましょう。

〔関連判例〕

　①　最高裁判所平成2年9月28日第2小法廷判決・刑集44巻6号463頁

　この判例は，沖縄返還協定の批准に反対する演説をした中核派全学連の中央執行委員長が，破防法の「せん動」の罪で起訴された事件に対するものです。

　②　最高裁判所昭和59年12月12日大法廷判決・民集38巻12号1308頁

　この判例は，性交行為が撮影・掲載されている8ミリフィルムや雑誌・書籍を輸入しようとして税関検査でひっかかり，当時の関税定率法（現在では関税法69条の11第1項7号に当たります）で輸入が禁止されている物品だとされた人が，これを不服として訴えた裁判に関するものです。この中で最高裁判所は初めて，憲法21条2項にいう検閲とは，「行政権が主体となって，思想内容等の表現物を対象とし，その全部又は一部の発表の禁止を目的として，対象とされる一定の表現物につき網

羅的一般的に，発表前にその内容を審査した上，不適当と認めるものの
発表を禁止することを，その特質として備えるものを指す」としました。

Break ⑨　自殺マニュアル

　医学の発達によって，生命維持装置をつければ，まったく意識がない
ままでもかなりの期間生き続けられるようになったので，最近では《尊
厳死》つまり「人間らしい死に方」をしたいと望む人も少なくない。生
きがいや希望を失って，もうこれ以上生きていたくないと思う人にとっ
ては，『完全自殺マニュアル』（あまりお薦めできないので出版社は伏せ
ておく）は，役に立ちこそすれ決して非難すべき本ではない，というこ
とになるかもしれない。この本は，1993 年の発売以来，ロングセラー
となっているそうである。それはさておき，この本によると，結局いち
ばん確実で苦痛も少ない自殺方法は首吊りだと書かれており，実際，首
吊り自殺をしたある若者の傍にこの本が置かれていたという事件もあっ
た。ただ，『悪のマニュアル』で書かれていることと違うのは，自殺は，
いうまでもなく，他人の生命・貞操・所有物などに対する攻撃ではなく
て，自分の生命に対する攻撃だという点である。刑法では自殺そのもの
は罰せられず，他人に自殺を勧めたり助けたりする行為だけが犯罪とさ
れている（刑法 202 条）。しかし，『完全自殺マニュアル』のおかげで自
殺がどんどん増加しても，国や社会は手をこまねいていればよい，とい
うことにはなるまい。ここにジレンマがある。

　人間が自分の生命を断つことを自分の意思で決定する自由をもってい
るといえるかどうかは，**Theme 4** の「自己決定権」にかかわる重大な
テーマのひとつだが，何でも知りたいという人間の欲求は，はてしない
もののようで，「知りすぎた知」は必ずしも人間に幸福をもたらさない
のかもしれない。

からからと
初湯の桶をならしつつ

いつまでも
よき湯上りの心持

にほひよし
年に一度は菖蒲の湯

（町田忍編・著『銭湯へ行こう』
〔TOTO出版、一九九二年〕）

営業の自由

> 22条
> 1項　何人も，公共の福祉に反しない限り，……職業選択の
> 自由を有する。

Comment

銭湯に自由を！

　銭湯には独特の楽しみがあって，むかしから日本人の愛したものです。画割の富士山や広いタイル張の湯船。湯あがりのコーヒー牛乳。なんとなく寛ぐものですね。

　ところで，あなたが銭湯（公式名は公衆浴場）の営業をやってみたいと考えたとします。自由にやってよさそうですよね。だれに迷惑をかけるわけでもありませんし。ところが，自由にとはいかないのです。許可がいるのです。しかも，すでに銭湯があるところでは——条例によって異なりますが，普通は——そこから200メートル以上離れていなければ許可されないのです。

　わが国は自由主義経済の国じゃないか。憲法22条は営業の自由を保障しているはずだ，といいたくなるでしょう。どうして，こんな制限が許されるのでしょうか。

| 自由主義経済のしくみ |

たしかに，わが国は自由主義経済を採用しています。簡単にいえば，だれでも経済活動を自由に行えるということです。この自由主義経済を支える考え方は，次のようなものです。それは，経済的市場（シジョウと読んでください。イチバを思いっきり拡大したもので，商品を売り買いするだけでなく流通・情報・金融などあらゆる経済活動を含みます）をつくり，そこで自由な競争をさせるべきだと考えるのです。つまり，個人や会社が，商品の生産・販売・流通をめぐって，全力をつくして優勝劣敗の競争をするべきだというのです。

自由主義経済は，個人にとっては，自由に自分の得意な職業を選択・実行し，同業者と競争して成功を勝ちとろうとするものです。そこで生活の糧を得，また，自分は社会で活動しているという満足感が生まれるはずです。それだけでなく，個人が得意な分野で才能を発揮するということは，社会や国の発展や繁栄にとって非常に望ましいことでもあります。自由主義経済（資本主義）の繁栄は，このような仕掛けをもとにしているのです。

ところで，このような市場が成り立つためには，そこで獲得された経済的な利益，すなわち財産を保障してあげなければなりません。そうでなければ，一部の奇特な人を除いて，セッセと働く人などいなくなるでしょう。このことは財産の私有を禁じた社会主義があえなく崩壊してしまったことからも明らかです。

憲法には，このような自由な市場の枠組に関する規定がいくつかあります。まず，①職業選択・遂行の自由（22条）。文言は職業選択の自由となっていますが，遂行すなわち営業の自由も含みます。

選択できるだけでは意味がないからです。②次に財産権の保障（29条）。財産の私有を認め，それを不可侵であるとします。ただ，公共の福祉のために財産権を制限することは認められています。また，憲法に明文の規定はありませんが，③契約自由の原則が認められています。これは，自由に契約ができるということで，自由な市場にはなくてはならない要件であるため当然に認められていると考えられるからです。これらを一括して，経済的自由権といいます。

| 市場の規制 |

要するに国は原則として市場内の活動に干渉しないことになっているのです。しかし，市場の秩序を乱すような活動を取り締まることは，「当然」のことと考えられます。窃盗や詐欺が取り締まれなくては，市場が成り立ちませんよね。単に秩序を維持するだけの作用なので，《消極的規制》といわれます。

　ところが，市場に対する規制には別の種類のものもあります。たとえば，世の中になくてはならない職業・営業だけれども，自由な市場の厳しい競争にさらすわけにはいかないものを考えてください。つまり，社会にとって不可欠だが，①儲からないので，個人や会社の自主性にまかせると誰もやらないものとか，②競争に負けて倒産されでもしたら，社会に大変な影響が生じるといったものです。前者は採算割れの業種ですから変動がありますが，最近では廃棄物の回収業などが問題になっていますね。後者は，たとえば電気・ガス・水道といったいわゆるライフラインに関するものが典型的です。これらがないと国民は困ってしまいます。そのため，これらには，

保護のための規制が必要となる場合があるのです。同じく規制といっても，消極的規制とはまったく違った意味をもつわけです。

　憲法も，このような職業や営業までまったく自由に競争させよといっているとは考えられません。精神的自由たとえば表現の自由と比較してみると，経済的自由（22条・29条）には，わざわざ「公共の福祉」という制約が明文でつけられています。それは，このような規制の必要を予定してのことと考えられています。

　このような規制の必要性は，一般的にいえば，憲法が，経済的弱者や一般国民の福祉向上を援護しようとする福祉国家（社会国家）を目指すことからきているといえます。この規制は，前に述べた単に秩序を維持するための消極的規制に対して，国が福祉国家という理想を達成するために行う規制なので，《積極的規制》とよばれます。

銭湯の距離制限

さて，銭湯の設置について距離制限がなされるのは，憲法22条の営業の自由に反しないかどうかという問いに，最高裁判所は違反しないと答えました。その理由は次のようなものです。銭湯が近くに乱立すると，経営が苦しくなり，浴場の衛生設備にまで金を回せない。したがって，浴場が不潔になる恐れがある。このことからして，距離制限は，銭湯を衛生的に維持するための合理的な規制であって，憲法に違反するとは考えられないというのです。要するに，合理的な消極的規制である，ということで合憲にしたのです〔判例①〕。

　学者は，こぞってこの判決に反対しました。衛生状態を健全にす

るのに，どうして距離制限が必要なのだ。衛生状態を維持するためには，保健所が監督・指導し，汚なかったら営業停止にすればいいじゃないか！　というわけです。つまり，公衆衛生という「公共の福祉」を守るのに，距離制限までするのはとても合理的とはいえないから，このような距離制限は 22 条に違反すると考えるしかないというのです。

　ところが，ある学者がおもしろいことをいい出しました。銭湯は，完全に自由競争にさらしてよいのだろうかというのです。銭湯というのは，家に風呂がない人や，旅行者にとっては，なくてはならないものじゃないか。むしろ，社会になくてはならない厚生施設ではないか（こういう発想を，若いあなたたちはできるかな？）。

　しかも，銭湯の営業には，①広い施設とかなりの労働力が必要，②近所（湯ざめしない距離）の人しか利用しない，③経済効率がよくない（駐車場にしたほうが儲かる），といった不利な性質があるというのです。実際，銭湯は減り続けているのです。そこで，営業をしてもらうには，それ相応の保護をしなければならない。補助金をやるわけにもいかないので，料金の統制（たしかに統一料金になっていますね）や問題となっている距離制限で保護するのも決して不合理な方法ではない，と主張したのです。

　これは，銭湯の距離制限を営業の自由の消極的規制とみるべきではなく，むしろ積極的規制であるとするものです。つまり，判決の理由は変だが，合憲という結論自体は正しいというわけです。

　この判決の後，今度は薬局の距離制限が問題になりました。距離制限の理由は，薬局が乱立すると質の悪い薬が出回るということでした！　最高裁判所も，さすがにこの理由を認めず，違憲としました〔判例②〕。では，この判決と公衆浴場の距離制限合憲判決との関係はどうなるのでしょう。その答えは，1989（平成元）年になって，再び公衆浴場の距離制限合憲判決が出されたときに明らかになりました。判決は次のようにいいます。

「公衆浴場……に依存している住民の需要に応えるため，その維持，確保を図る必要のあることは，立法当時も今日も変わりはない。むしろ，公衆浴場の経営が困難な状況にある今日においては，一層その重要性が増している。そうすると，公衆浴場業者が経営の困難から廃業や転業をすることを防止し，健全で安定した経営を行えるように種々の立法上の手段をとり，国民の保健福祉を維持することは，まさに公共の福祉に適合するところであり，……距離制限も，その手段として十分の必要性と合理性を有していると認められる」〔判例③〕というのです。前の判決の理屈を変え，積極的規制として過去の合憲判決を維持したわけです。

　銭湯の楽しみの裏には憲法の問題があったのですね。

　前にも述べたように，日本国憲法は，経済活動は自由が原則であるが，公共の福祉を守るために制限も許されるという建前になっています。しかし，従来は，経済活動に対する制限，いわゆる規制が網の目のようにはり

めぐらされていました。

　その理由はいろいろです。①日本は，第2次世界大戦敗戦後の経済のたてなおしに，ほとんど社会主義国の計画経済まがいの経済統制を行いました。その統制の名残（なごり）がしぶとく生き残っていました（1995〔平成7〕年にやっと廃止された食糧管理法がこの例です）。②規制は，裏をかえせば既存業者の保護になるわけで，それに連なる既得利益をもつ人たちは，規制を歓迎します。手放しがたいうまみなのです（違憲とされた薬事法の距離制限がこの例です。なお，薬事法は2014〔平成26〕年に大改正され，「医薬品，医療機器等の品質，有効性及び安全性の確保等に関する法律」と変えられました）。③また，福祉国家という考え方は，弱者保護のために，自由な市場での過酷な競争を緩和しようとして，競争規制を要請します（2000〔平成12〕年に廃止された大店法がそうです。零細小売業者を守るための規制でした）。④日本人は，なにか不都合なことがあると，まず役所にいってその規制を頼み，役所も（自分の権力を拡大することになるわけですから）それに呼応して，規制にはげんできたという事実もみのがせません。

　つまり，日本の規制というのは骨の髄までしみこんでいたのです。しかし今日では，アメリカをはじめとする外圧もあり，また規制だらけではこれ以上経済成長を望めないという反省もあって，欧米型の，規制を最少限にとどめる自由な市場に変えていかなければならないということが世論となっています。残滓（ざんし）があるとはいえ，規制緩和は実現されつつあります。憲法の採用する自由主義経済は，もともと規制を例外とするものですから，本来の姿になるのだともいえましょう。

ただ，規制緩和を実行する場合，③の福祉国家的な規制は，他の規制とは違った重みをもつことに注意しなければいけません。25条などの憲法の規定に基礎をおくものですから，安易に緩和してよいものではないのです。この点をふまえつつ，規制緩和の対象と程度を検討し，実行すべきものと考えられます。

Step Up

〔関連情報〕

　①　経済的自由権について考えるためには，おおざっぱでかまいませんから，自由主義経済に関する考えかたや，現在の日本の経済システムの特徴などを知っていることが望ましいでしょう。お薦めの本としては，中谷巌『痛快！　経済学』（集英社文庫，2002年）をあげておきます。ビジュアルで非常にわかりやすいと評判の本です。また，続編に『痛快！　経済学2』（同，2004年）があります。

　②　規制の問題については川本明『規制改革』（中公新書，1998年）がお薦めです。この本は，本文でもふれたように，求められているのは単なる規制緩和ではなく，規制改革であると主張します。どんな目標のもとで，いかなる規制を緩和しあるいは強化するべきかについて，国際経済の視点から論じています。

　③　公衆浴場法の判決については，小嶋和司「営業の自由」（『憲法学講話』169頁以下〔有斐閣，1982年〕）がおもしろくてためになります。**Comment** の「ある学者」（104頁）のモデルです。

　④　経済的自由権の全体については，小嶋和司＝大石眞『憲法概観〔第7版〕』115頁以下（有斐閣，2011年）に簡明な説明があります。

〔関連判例〕

　①　公衆浴場法判決＝最高裁判所昭和30年1月26日大法廷判決・刑集9巻1号89頁

② 薬事法判決＝最高裁判所昭和50年4月30日大法廷判決・民集29巻4号572頁

③ 最高裁判所平成元年1月20日第2小法廷判決・刑集43巻1号1頁

Break ⑩ 酒の統制今昔 ～～～～～～～～～～～～～～～～～～～～

酒は昔から，世界的に，製造するのも，販売するのも自由ではなかった。イスラム教や，キリスト教のいくつかの宗派では，宗教的理由から飲酒が禁止されている。

また，昔，アメリカで禁酒法が行われたのは知っているだろう。憲法で禁止されたのだ（その残骸が，合衆国憲法修正18条）。そこでは，酒は酔っぱらわせるもの，家庭不和のもと，社会の敵，といった道徳的理由が，強調されたのだった。でも，その結果は酒の密造でマフィアが急成長しただけで，あえなく廃止となった（修正21条）。

日本でも，許可なしに酒はつくれない。酒屋（販売）を開業するにも許可がいる。その条件は，資産があることや施設が十分であることなど厳しいものだ。酒は，国にがんじがらめにされているのである。その理由は，お金。税金だ。グッと世俗的な理由である。

税金をしっかりとれるよう，自由に酒をつくらせない。確実に税金をとれるよう，資産のある人にだけ酒屋の営業を許すのだ。これらの規制は，裁判で，いずれも合憲とされた（どぶろく裁判＝最高裁判所平成元年12月14日第1小法廷判決・刑集43巻13号841頁，酒類販売免許制判決＝最高裁判所平成4年12月15日第3小法廷判決・民集46巻9号2829頁）。

もっとも，経済的なグローバルスタンダードにしたがわなければ，日本のように貿易を重要事業としている国はやっていけない。たとえば，ウイスキーに高い税金をかければ，すぐさまイギリスから抗議される。合憲であるとしても，国際的圧力によって，このような法律を作ること自体が今では難しくなっているのである。

～～～～～～～～～～～～～～～～～～～～～～～～～～～～～～～～～～～

「クーラーはぜいたく」
生活保護者に外させる

40度超え79歳 脱水症に

普及率7割が基準　厚生省

埼玉・桶川市

市「国の方針に従うしか」

（毎日新聞 1994年9月6日）

クーラーのない生活

生 存 権

> 25条
> 1項 すべて国民は, 健康で文化的な最低限度の生活を営む
> 権利を有する。
> 2項 国は, すべての生活部面について, 社会福祉, 社会保
> 障及び公衆衛生の向上及び増進に努めなければならない。

Comment

生活保護は簡単
にはもらえない

あなたは, 将来もし万一生活に困っても, 生活保護をもらえるのだから心配はいらない, と考えてはいませんか。ところが, 生活保護はそう簡単にはもらえないのです。たとえば, 生活保護を申請しても, 子どもや兄弟姉妹がいる場合には, その前に身内から援助をしてもらいなさいといわれます。また, ローンつき住宅を所有している場合には, まず住宅を売却して残金を生活費にあてなさいと, また, 自家用車やクーラーをもっている場合には, それらはぜいたく品だから, それらを売却しなさいといわれることがあります。そして実際に, **Material** で示したような悲惨な事件が, とうとう起こってしまいました。はたして, そのような条件づけは, 憲法上許されるのでしょうか。その点を, 少し掘り下げて検討してみましょう。

ずっと以前には，生活保護はお情けでいただくものだから，どのような条件をつけられても仕方がないとの考え方（お恵み論）が，一般的でした。しかし，現在では，生活保護の受給は憲法上の権利として位置づけられています。

この点を，少し歴史的にみてみましょう。アメリカのヴァージニア権利章典（1776年），フランス人権宣言（1789年）を始めとする18世紀の権利章典には，信教の自由，平等権といった権利は，すでにみられますが，生存権はまだみられません。生存権が初めて憲法に登場するのは，第一次世界大戦後制定されたドイツのワイマール憲法（1919年）においてであるといわれています。そして，生存権が日本を含む世界の多くの国々の憲法に登場してくるのは，第二次世界大戦後のことです。それはどうしてなのでしょうか。人権宣言の時代には，国家が個人の諸活動に介入せずに個人の自由を最大限保障しておきさえすれば，自らの能力，努力によって幸福をつかみとれると考えられていました。しかし，資本主義が発達するにつれて，その人が貧困に陥ったのは，本人が怠け者であるからではなく，失業，病気，低学歴といった外的条件による場合が多いことが認識されるようになってきました。そのため，国家に対して，経済的・社会的弱者保護のために積極的施策を講ずることが求められるようになり，憲法上も，多くの国々で生存権が規定されるに至ったのです。

日本国憲法も25条において，「健康で文化的な最低限度の生活を営む権利」を保障しており，生活保護はそのための「最後のとり

で」といえます。ですから，生活保護に関する争いは，憲法上の権利の問題なのです。

<hr>

生存権は特殊な権利か

生存権も憲法で明示されている権利であるけれども，信教の自由，表現の自由，職業選択の自由，人身の自由といった権利と比べると，かなり特殊な権利ではないか，との疑問が出てくるかもしれません。たしかに，信教の自由などのような自由権の場合には，国家に求められるのは，消極的な不作為——たとえば，個人が礼拝を行うのを妨げてはならない——ということになるのに対して，生存権の場合には，積極的な作為——たとえば，国家の財源から生活保護費を支給する——ということになり，両者の間には，大きな違いがあります。そこで，"憲法25条は「健康で文化的な最低限度の生活」と規定しているが，それは国の努力目標を定めたスローガンのようなものであって，生活保護の支給額が少ないからといって，裁判所に対して25条違反を主張することはできない"，との考え方がでてきます（このような考え方を「プログラム規定説」といいます）。たしかに，生存権を実現するには予算が必要であり，予算を福祉にばかり使うわけにはいきません。学校教育，公務員の給与，公共事業などにも予算を使う必要があります。しかし，だからといって，25条の「健康で文化的な最低限度の生活」をまったくの努力目標，スローガンとみなすべきではありません。予算よりも憲法の方が上位にあるので，憲法上の権利として「健康で文化的な最低限度の生活」と規定されている以上，それを実現するよう予算を組むことが求められます。

| 「健康で文化的な最低限度の生活」の内容を決定できるか |

では，「健康で文化的な最低限度の生活」とは，どのような生活を指すのでしょうか。その具体的内容は，日本と外国では異なるでしょう。また，同じ日本でも，その日の食事にもこと欠いた昭和20年代前半と，物があふれている現在とでは異なるでしょう。そこで，はたして「健康で文化的な最低限度の生活」の具体的内容を決定できるのか，との疑問が生じてきます。この点，たしかに，「健康で文化的な最低限度の生活」の具体的内容は，国々や時々の文化の発達の程度，平均的な国民の生活水準などに応じて異なりますが，時代と社会を特定するならば，ある程度客観的に決定できるものです。

| 立法部・行政部の役割と裁判所の役割 |

では，現在のわが国における「健康で文化的な最低限度の生活」の内容はだれが決定できるのでしょうか。その内容を決定するためには，衣服費，食費，住居費，医療費，勤労者世帯の年間収入と支出，物価上昇率などのデータが必要となります。そのようなデータを収集，保持し，総合的に分析できるのは，立法部・行政部でしょう。ですから，「健康で文化的な最低限度の生活」の内容の決定と実現は，立法部・行政部の主導の下で行われることになります。しかし，裁判所がこの問題にまったく関与できないのかといえば，そうではありません。たしかに，裁判所には「健康で文化的な最低限度の生活」の全体像をくまなく示す能力まではありませんが，立法部・行政部が定めた生活保護費の総額があまりに低すぎて「健康

で文化的な最低限度の生活」とはいえないと判断したり，○○のない生活は「健康で文化的な最低限度の生活」とはいえないと判断することは可能です。また，既に与えられている社会保障を縮減するには合理的な理由が必要であり，合理的な理由がない場合には憲法25条違反と判断する（制度後退禁止原則）という考え方も，最近提唱されています。

　このように，裁判所が憲法25条違反との判決を下すことは可能であり，最高裁判所もその可能性自体は肯定しています。ただ，表現の自由や信教の自由の場合と比べると，立法部と行政部の判断を尊重すべき度合いが大きいにすぎません。

クーラーがないと「健康で文化的な最低限度の生活」とはいえないのか

このような問いを発した場合，一方では，次のような肯定的な答えが返ってくるでしょう――今から40年，50年前ならいざ知らず，現在では，多くの家庭や職場にクーラーが入っており，夏場のクーラーは冬場の暖房器具と同様，日常生活の必需品となっている。「健康で文化的な最低限度の生活」といえるためには，1室ごとにクーラー1台とまではいえないが，1家庭にクーラー1台ぐらいは必要である。――

　しかし，他方では，次のような否定的な考え方もありえます――少なくなったとはいえ，現在でも，クーラーのない家庭や職場は，まだ存在している。クーラーがなくても，扇風機，冷蔵庫などがあれば，十分夏場の暑さをしのげる。憲法25条は，「健康で文化的な生活」といっても，その「最低」を保障しているのであって，より

快適な生活まで保障しているわけではない。——

　そうすると，裁判所が「クーラーがなければ健康で文化的な最低限度の生活とはいえない」と断定するのは，なかなか難しそうです。ところが，**Material** でとり上げた事件は，現在もらっている生活保護の支給額にさらにクーラー設置の費用を上乗せするよう要求した事件ではありません。自分でクーラーを設置して使っていた人が，生活保護の申請をして受給をはじめたところ，クーラーをとりはずさなければ生活保護を打ち切るといわれたために，やむなくクーラーをとりはずしたという事件です。しかも，その人は高齢で病院に通院しており，家の屋根はトタン板で日中の室温は 40 度にもなるという事情がありました。こういった事情がある場合には，裁判所が憲法 25 条違反，もしくは，生活保護法違反と判示してもよいのではないでしょうか。

　なお，この事件後，埼玉県は，いままでの方針をかえて，設置してから年数がたっているクーラーの保有を認めたうえ，新しいクーラーでも，①世帯に高齢者，障害者，病弱者がいて，健康管理の面から必要と認められる場合，②住宅環境からみて必要と認められる場合には，当該地域の一般世帯との均衡を失しないものは保有を認める，という新方針を定めました。

Step Up

〔関連情報〕

①　杉村宏＝岡部卓＝布川日佐史編『よくわかる公的扶助』（ミネル

ヴァ書房，2008 年）

公的扶助制度のしくみと役割を多角的に検討しています。貧困の現状，公的扶助の歴史，生活保護制度の仕組み等について言及した後，アメリカ，イギリス，ドイツ，フランス，スウェーデン，韓国といった外国での公的扶助も紹介しています。

② 駒村康平『日本の年金』（岩波書店，2014 年）

年金制度が今直面していることは何なのか，2025 年以降の超高齢化社会で年金制度はどうなっていくのかなどについて，詳細なデータに基づいて論じた後，今後の社会保障制度を展望しています。

③ 岩永理恵＝卯月由佳＝木下武徳『生活保護と貧困対策』（有斐閣，2018 年）

生活保護を利用すると，自動車・家はもてないのか？　生活保護の増大で財政は破綻するのか？　生活保護の権利は私たちと無関係なのか？などといった問いからはいって，生活保護の制度と現状をわかりやすく説明しています。

④ 椋野美智子＝田中耕太郎『はじめての社会保障〔第 16 版〕』（有斐閣，2019 年）

医療保険，生活保護，介護保険，年金，雇用保険，労災保険といった主要な社会保障をとりあげ，だれを対象とするのか，何が給付されるのか，だれが費用を負担するのかなどを，詳細に説明しています。

〔関連判例〕

① 朝日訴訟＝最高裁判所昭和 42 年 5 月 24 日大法廷判決・民集 21 巻 5 号 1043 頁

生活保護の支給額が「健康で文化的な最低限度の生活」というには低すぎるとして争われた事件です。第 1 審では朝日さんが勝訴しましたが，第 2 審では敗訴し，その後朝日さんが死亡したため，最高裁判所では訴訟終了とされました。しかし，この訴訟を契機として，生存権を恩恵としてではなく権利として捉える考え方が定着し，その後，牧野訴訟，宮訴訟，堀木訴訟など，多くの生存権訴訟が提起されるようになりました。

②　堀木訴訟＝最高裁判所昭和 57 年 7 月 7 日大法廷判決・民集 36 巻 7 号 1235 頁

障害福祉年金と児童扶養手当の併給制限規定（どちらか一方しか受給できない）の合憲性が争われた事件です。第 1 審は憲法 14 条（平等条項）違反としましたが，最高裁判所は，立法府に広い裁量権を認め，憲法 25 条にも 14 条にも違反しないとしました。すなわち，生存権の実現には国の財政事情を無視できず，高度の専門技術的判断を必要とするので，立法部の決定が著しく不合理な場合を除き，裁判所は介入しないとの姿勢を明らかにしたのです。

③　中嶋訴訟＝最高裁判所平成 16 年 3 月 16 日第 3 小法廷判決・民集 58 巻 3 号 647 頁

生活保護法の支給費目には，高校進学・就学費がありませんでした。将来の高校就学費にあてるため生活保護費の一部を学資保険として積み立てたところ，それを「収入」と認定し，保護費を減額するという事件がおこりました。最高裁判所は，「近時においては，ほとんどの者が高等学校に進学する状況であり，高等学校に進学することが自立のために有用であるとも考えられるところであって」「子弟の高等学校修学のための費用を蓄える努力をすることは」生活保護法の趣旨目的に反するものではないと述べて，減額処分を違法とみなしました。そして，その翌年度より，生活保護基準の改正により，生業扶助としての高校就学費用給付が開始され，学用品費，交通費，授業料等が支給されることになりました。また，自家用車をもっていることを理由に生活保護を停止された事件で，裁判所は身体障害者の妻が自家用車以外で通院するのは極めて困難であるとして，停止処分を違法とみなし取り消しています（福岡地方裁判所平成 21 年 5 月 29 日判決・賃金と社会保障 1499 号 28 頁）。裁判所は違憲判断には依然として消極的ですが，このように処分を違法と判断することによって救済を与える判決が現れています。

④　老齢加算廃止訴訟＝最高裁判所平成 24 年 2 月 28 日第 3 小法廷判決・民集 66 巻 3 号 1240 頁

生活保護基準中の老齢加算（70歳以上の者への生活扶助の加算）の廃止が憲法25条，生活保護法3条・8条2項などに違反するとして争われた事件です。最高裁判所は保護基準設定について厚生労働大臣の裁量を認めて合憲・合法と結論づけましたが，(i)判断の過程および手続における過誤・欠落の有無，(ii)被保護者の期待的利益や生活への影響，といった観点からみて，裁量権の逸脱・濫用があったといえるか否かを判断するという具体的な基準を示している点で注目されます。

Break ⑪　年金も生活保護もパンクする !!

　あなたのおじいさん，おばあさんは，定年退職後，年金をもらってそれを生活の支えにしている。これも生存権実現の一手法といえる。ところで，老人に支給される年金の財源は，現在就労している人，その雇用主，国家（税金）によって支えられている。おおまかにいえば，現在働いている人たちが老人の生活を支えていることになる。

　ところが，わが国は，ものすごいスピードで，超少子高齢社会へと突入していく。2017年の国立社会保障・人口問題研究所による将来推定人口に基づくと，1965年には，働いている人（20才〜64才）9.1人で1人の老人（65才以上）の生活を支えていた（胴上げ型）が，2025年になると，働いている人1.9人で，2050年になると，働いている人1.3人で1人の老人の生活を支える（肩車型）との計算になる。そうすると，このままでは年金がパンクしてしまうことになる。現在の年金の水準を維持しようとすれば，働いている人の掛金率，雇用主の掛金率，国庫負担率の引上げが必要となる。他方，働いている人，雇用主，国庫の負担水準を現行どおり維持しようとすれば，年金を受給できる年齢を引き上げる，年金の給付水準を引き下げることが必要となる。基礎年金の国庫負担を3分の1から2分の1に段階的に引き上げるなどして何とか現役時代の平均賃金の5割給付を維持しようとする年金改革関連法が2004年に成立したが，年金額は減少し続けている。

「最後のとりで」ともいえる生活保護も，深刻である。厚生労働省2017年度資料に基づくと，1992年には，被保護世帯58万世帯，被保護人員90万人，保護率0.72％，保護費総額1兆3300億円であったのが，2015年には，それぞれ163万世帯（そのうちの半数が高齢者世帯），217万人，1.7％，3兆8400億円（そのうちの半分が医療扶助費）にまで，急増している（その後微減）。生活保護費は税金から支出されるので，今後も重税化（とりわけ消費税）が進んでいくであろう。

　この2つに加えて，介護保険制度，医療保険制度で必要な費用も，増加し続けている。きたるべき超少子高齢社会におけるわたしたちの生活は，決してバラ色ではない。

六　法

　憲法をはじめとする主な法令を集めて収録した書物のことを，普通『六法全書』といい，略して単に『六法』ともいいます。

　現在では，たとえば，『ポケット六法』,『デイリー六法』,『地方自治六法』,『福祉六法』,『判例六法』など，実にいろいろな種類の法令集が市販されていますが，もともと「六法」というのは，文字どおり6つの基本的な法律の総称です。それら6つの法律というのは，憲法，民法，商法（会社法），民事訴訟法，刑法，刑事訴訟法のことです。

　日本には現在，約1900前後の法律があり，実際の『六法』にはそのうちの主なものだけが収録されています。

『古事記』も『日本書紀』も『神代』の物語から始まっているが，『神代』の物語はもちろんのこと，神武天皇以後の最初の天皇数代の間の記事に至るまで，すべて皇室が日本を統一してのちに，皇室が日本を統治するいわれを正当化するために作り出した物語である。『古事記』『日本書紀』は，このような政治上の必要から作られた物語や，民間で語り伝えられた神話・伝説や，歴史の記録などから成り立っているので，そのまま全部を歴史とみることはできない。

（家永三郎『新日本史』から）

● 文部（科学）省の検定意見（不合格理由）

全体として「古事記」,「日本書紀」の記述をそのまま歴史とみることのできないということのみを強調していて，これらの書物が現存する数少ないわが国の古代の文献の一つとして有する重要な価値についてまったく触れていない。このような記述は，…不適切である。

新日本史

教科書はつらいよ

教 育 権

> 26条1項　すべて国民は，法律の定めるところにより，その能力に応じて，ひと
> 　　　　　しく教育を受ける権利を有する。
> 　　2項　すべて国民は，法律の定めるところにより，その保護する子女に普通
> 　　　　　教育を受けさせる義務を負ふ。義務教育は，これを無償とする。
> 21条1項　集会，結社及び言論，出版その他一切の表現の自由は，これを保障す
> 　　　　　る。
> 　　2項　検閲は，これをしてはならない。通信の秘密は，これを侵してはなら
> 　　　　　ない。

Comment

教科書の表紙をみて
みよう

　あなたは，小中高等学校で，「国語」，「数学Ⅰ」，「政治・経済」……といった教科書を使って勉強してきましたね。むかし使った教科書をとり出して，その表紙をみてください。すみっこに小さい字で，「文部（科学）省検定済教科書」と印刷されています。これは文部（科学）省による検定に合格したという意味です。教科書の検定とは，三省堂，啓林館などの民間の出版社が教科書用として編集した図書について，文部（科学）省が教科書として適切であるかどうかを審査し，これに合格した図書だけを教科書として認めることをいいます。検定に合格した何種類かの教科書の中から，公立学校の場合には教育委員会が，国・私立学校の場合には校長が，1種類を選び，それが教科書として使われます。このように，教科書として使われるためには，文部（科学）省による検定に合格しなくてはなりません。これを教科書執筆者の側からみれば，せっかく苦

労して書きあげても，検定に合格しなければ教科書として使われず，今までの苦労は水のあわということになります。

家永教科書裁判とは――何が争点なのか

東京教育大学（現，筑波大学）の家永三郎教授が執筆した高校用日本史教科書に対して，文部（科学）省は **Material** に示した検定意見をはじめとして多くの検定意見を付し，記述を修正するよう要求したり，検定不合格としたりしました。それに対して，家永教授は，3つの裁判を起こしました。それが，家永教科書裁判第1次，第2次，第3次訴訟とよばれるものです〔判例①〕。

　家永教科書裁判では，教科書検定は憲法21条2項が禁じる「検閲」（事前に出版物などの内容を審査し，不適当と認めるものの発表を禁じること）にあたらないか，教科書執筆者の表現の自由の侵害にあたらないかなど多くの点が争点となりましたが，最大の争点は，教育権の所在，すなわち，学校で子どもたちに教えられる教育の内容を決定できるのは誰か，という点でした。そこで，ここでは，教育権の所在という視点から，教科書検定の合憲性を考えてみましょう。

家永教授側の言い分

この問題についての家永教授側の言い分は，次のようになります。

　"そもそも，自分の子どもをどのように教育するかは，親が決定するところであった。ところが，社会の発展に伴い教育内容が高度化したために，親自らが教えるのが難しくなり，親は教育の専門家である教師に，わが子の教育を委ねることとなった。したがって，

学校で用いる教科書を決定しうるのは，親，教師を中心とする国民である。文部（科学）省が教科書検定を行うならば，国家に都合のいい内容の教科書だけが合格し，国家に従順で画一化された子どもが育ってしまう。"

　このような考え方を，「国民の教育権説」といいます。

文部(科学)省側の言い分

この問題についての文部（科学）省側の言い分は，次のようになります。

　"学校やクラスごとで勝手に好きな本を教科書として用いるならば，質の悪い教育がなされたり，思想的に偏った教育がなされることがある。また，学校やクラスごとでバラバラの教育をしたのでは，上級の学校への進学に際して不公平が生じる。そこで，全国一律の基準に基づいた適正な質の教科書を用いることが必要となる。そのような基準を作り，それを教科書執筆者に守らせる役割を担いうるのは，選挙を通じて国民の信任を得た国家のみである。"

　このような考え方を，「国家の教育権説」といいます。

どちらが正しいのか？

このように，国民の教育権説と国家の教育権説とが対立してきましたが，この2つの説のうち，どちらが正しいのでしょうか。

　まず，国民の教育権説からみていきましょう。この説は，親は教師を信頼して自分の子どもの教育を教師に委ねていると考えるので，実質的には，どのような本を教科書として用いるかの決定は，教師の手に委ねられることになります。しかし，教師が不適切な本や思

想的に偏った本を教科書として使用する可能性があります。そのような場合に被害をこうむるのは，子どもたちです。このように考えてくると，教育内容に対する国家の関与を全面的に否定することは，妥当ではないといえます。

　それでは，国家の教育権説が正しいということになるのでしょうか。ところが，この説にも問題があります。はたして，この説のいうように，教育内容についての国民の総意が選挙を通じて国家に反映されているといえるのでしょうか。わたしたちは，雇用，福祉，防衛などのすべての政策を総合的に検討したうえで投票しているのであって，教育問題だけを念頭において投票しているわけではありません。また，学校での教科書の使用が義務づけられているので，国家が国民の思想統制の手段として教科書を利用した場合の害悪の大きさを見過ごすことはできません。このように考えてくると，教育内容について全面的に国家に委ねてしまうことも，やはり妥当ではないといえます。

　そうすると，結局，どちらの説も全面的に正しいというわけではなく，2説のうちどちらが正しいのかという問題のたて方自体が，適切ではなかったことになります。この点について，最高裁判所は，旭川学力テスト事件判決〔判例②〕において，いずれも極端かつ一方的であり，そのいずれをも全面的に採用することはできない，と述べています。

　ですから，教育権の所在については，国家の権限が教育内容にもおよびうることを認めたうえで，国家の権限行使の限界をどこに見出すべきか，というふうに問いをたてていくことが必要となります。

では，教科書検定は国家の権限行使の限界を超えているのでしょうか。この点については，教科書検定制度それ自体が違憲かという問題と，検定での個々の不合格処分が違憲かという問題とを区別して考えることが必要です。

まず，前者の問題から考えていきましょう。大学の授業で用いられる教科書については，検定制度というものがありませんが，それでも，これといった弊害は生じてはいません。そこで，小中高等学校で使われる教科書についても，検定制度を廃止してよいのではないか，との意見が出てくるかもしれません。しかし，小中高等学校の場合にまで，教科書を「自由化」すると，種々の弊害が生じてきます。たとえば，大学生と比べると，児童・生徒には十分な批判能力が備わっていないため，教科書に書かれていることを無批判に受け入れてしまいがちです。そうすると，特定の思想に偏った教科書が使用されると，児童・生徒が特定の思想だけを正しいと信じ込んでしまう危険性があります。また，学校や地域によって内容やレベルの異なった教科書を用いて授業をすれば，上級の学校への進学に際して，不公平が生じます。そうすると，教科書の内容の政治的中立性，正確性，適切性の確保や，全国一律の教育水準の確保などのために国家が教科書の内容に関与する必要性を否定してしまうことはできず，検定制度それ自体を違憲とはみなしえないでしょう。

このように述べても，使用する教科書を選ぶ際に，教育委員会や校長が内容を吟味して最良のものを1種類選べば十分であって，検定制度はいらない，との反論がありうるでしょう。しかし，教科書

の内容の政治的中立性，正確性，適切性を判断したり，全国一律の教育水準を確保するには，教育委員会や校長に委ねるだけでは不十分であり，多くの専門家がたずさわる検定制度がやはり必要です。

　もっとも，だからといって，どのような内容の検定をしてもよいというわけではありません。検定が常に上述の目的の範囲内で行われるとはかぎりません。逆に，国家が検定を通じて，子どもたちの思想統制を行おうとすることもありえます。そのような検定は，憲法上許されません。したがって，国家が特定の思想的立場に立ち，それに反するような記述を排除するような検定処分を行う場合には，その処分が違憲とされます。

Step Up

〔関連情報〕

　①　別技篤彦『世界の教科書は日本をどう教えているか』（朝日新聞社，1999 年）

　アジア，アフリカ，ヨーロッパ，東欧諸国など，世界の約 30 カ国の教科書において，日本がどのように記述されているかを紹介しています。外国人の目に日本，日本人がどのように映っているのかを知ることができます。

　②　鶴田敦子『家庭科が狙われている』（朝日新聞社，2004 年）

　検定不合格となった教科書は社会科だけではありません。1997 年に家庭科の教科書４点が不合格となりました。なぜ家庭科がと，意外な感じがするかもしれません。家庭科は，家族像，個人の尊厳，男女平等といった人間の根源的問題にもかかわってきます。その点の争いの経緯が，不合格となった家庭科教科書の著者によって書かれたのが本書です。

　③　石山久男『教科書検定』（岩波書店，2008 年）

2006 年の高校日本史教科書の検定で，太平洋戦争末期の沖縄戦で「日本軍が住民の集団自決を強制した」との趣旨の記述が削除されたが，沖縄住民の反対運動の高まりをうけて，出版社が「日本軍の強制」に関する記述を復活させる訂正を申告することで決着しました。その間の経緯が書かれているのが本書です。

　④　米沢広一『憲法と教育 15 講〔第 4 版〕』（北樹出版，2016 年）

　教科書をめぐる憲法問題は，検定だけでなく，採択，給付，使用の段階においても，生じます。教科書を採択する権限は誰にあるのでしょうか。現在，義務教育段階での教科書は無償で給付されていますが，これは「義務教育は，これを無償とする」（26 条 2 項）と規定する憲法上の要請なのでしょうか。教師や生徒に教科書の使用義務を課することは憲法上許容されるのでしょうか。これらの問題が，本書の第 8 講で扱われています。

〔関連判例〕

　①　家永教科書裁判第 1 次訴訟＝最高裁判所平成 5 年 3 月 16 日第 3 小法廷判決・民集 47 巻 5 号 3483 頁，第 3 次訴訟＝最高裁判所平成 9 年 8 月 29 日第 3 小法廷判決・民集 51 巻 7 号 2921 頁

　最高裁判所は，国家が必要かつ相当な範囲で教育内容を決定しうることを認めたうえで，全国的水準の維持，内容の正確さ，中立性，公正さが要請されるという教科書の特性を強調し，当該教科書検定を合憲とみなしました。なお，第 2 次訴訟最高裁判決は憲法判断をしていません。

　②　旭川学テ事件＝最高裁判所昭和 51 年 5 月 21 日大法廷判決・刑集 30 巻 5 号 615 頁

　文部（科学）省が実施した全国一斉学力テストに反対する教師が，それを阻止しようと実力を行使したため，公務執行妨害罪などで起訴された事件です。訴訟の過程で，文部（科学）省（国）に学力テストを実施する権限があるかどうかが問題となり，国民の教育権説と国家の教育権説に対する 129 頁のような評価が示されました。

　同じ事件であっても，国がちがうと，教科書での記述も異なっている。豊臣秀吉の朝鮮出兵について，日韓両国の教科書を比べてみよう。

〈日本の教科書〉

　前後 7 年に及ぶ日本軍の朝鮮侵略は，朝鮮では壬辰・丁酉倭乱と呼ばれ，朝鮮の人々を戦火に巻き込み，多くの被害を与えた。また国内的には，ぼう大な戦費と兵力を無駄に費やした結果となり，豊臣政権を衰退させる原因となった。朝鮮戦略は秀吉の誇大妄想によって引きおこされた面が強いが，一方では日本国内における知行地の不足を解決するための領土拡大戦争としての性格ももっていた。

（佐藤信他『詳説日本史研究』〔山川出版，2017 年〕）

〈韓国の教科書〉

　倭軍によって数多くの人命が殺傷されたばかりか，飢饉と疾病によって人口がかなり減少した。土地台帳と戸籍はほとんど失われ，国家財政が困窮し，食糧も不足するようになった。また倭軍の略奪と放火によって仏国寺，書籍，『実録』など数多くの文化財が損失し，数万人が日本に捕虜として捕まった。

　日本は朝鮮から活字，絵，書籍などを略奪し，性理学者や優秀な活字印刷工および陶磁器の技術者などを捕虜として捕まえ，日本の朱子学や陶磁器文化が発達することのできる土台を整えた。

（三橋広夫訳『韓国の高校歴史教科書』〔明石書店，2006 年〕）

法律の条文の構造と呼び方

法律の条文は，ふつう「条」と「項」と「号」からできています。憲法の条文でいえば，たとえば9条には2つの「項」があり，『六法』では一般に①②……のように示されます。また，7条は，「天皇は……」から始まる文章（これを「柱書」と呼びます）のあとに，一から十までの漢数字で列挙された部分があります。これらが「号」です。さらに，44条のように，「但し……」という文章が付いている場合は，その部分を「ただし書」といい，それ以外の部分を「本文」といいます。なお，1つの項や号が2つの文章でできている場合（たとえば9条2項）や，そうでなくとも内容的にみて2つにわけられる場合（たとえば14条1項）には，前半が「前段」，後半が「後段」と呼ばれます。

ここで挙げた例については，この本の末尾に収めてある憲法の条文を見て，たしかめてください。ちなみに，現在では多くの法律には，条文の前に「見出し」が付けられるのが普通ですが，憲法のように1946年以前ぐらいに制定された古い法典には条文見出しはなく，六法などでは，編集者が便宜上付けています。

　受刑者を処刑台のそまつな木製の丸椅子に座らせると
きは，執行官があれこれと話しかけつつ，受刑者の気を
そらしながら，ロープが受刑者の肌に触れないよう，気
をつけて首にかける。首輪をかけ終わるや否や，執行官
は処刑台を離れ，そっぽを向いて手で合図を送る。処刑
室の外では，合図を確認すると三人の役人が，三つのス
イッチをそれぞれ押す。そのうちのひとつに，本当の引
き金が入っているのだが，お互い，俺のには入ってない
と思うことによって，少しでも気を楽にさせるための配
慮であろう。

　三つのスイッチが押されると同時に，処刑台の床がバ
タンと二つに割れ，死刑囚はガクンと首を吊られる。

（合田士郎『そして，死刑は執行された』16 頁〔恒友出版，1987 年〕）

死刑制度

> 31条
>   何人も，法律の定める手続によらなければ，その生命若し
> くは自由を奪はれ，又はその他の刑罰を科せられない。
> 36条
> ……残虐な刑罰は，絶対にこれを禁ずる。

Comment

死刑を考える

死刑は，いうまでもなく犯した罪を自らの生命によってつぐなう究極の刑罰です。この制度は非常に古くから，ほとんどどの国にも存在しました。

しかし，近代になると，死刑を疑問視する意見が出てきます。個人を基礎として社会や国家がつくられると考える場合，個人の生命自体を消滅させるような刑罰を認めることができるかどうか問題だからです。また，刑罰に関する研究や，人道という観念の発達も，このような疑問の根っこにありました。

死刑をどう考えるかという問題にたち向かうには，哲学・倫理・宗教をふくむ総合的な考察が必要なことはいうまでもありません。しかし，死刑が法制度である以上，なによりもまず法的問題として考えてみなくてはならないでしょう。

死刑制度の是非は，日本では，憲法上と法律上の双方のレベルで争われています。ここでは，憲法上の問題を主として考えることに

しましょう（法律上の問題については，**Step Up** をみてください）。

　ところで，死刑問題をあつかう場合，注意しなければいけないことがあります。それは，死刑は人の感情を強く刺激するということです。**Material** にあるような処刑の様子を読めば——その場面にだけ注目する限り——死刑はあるべきでないと感じる人がほとんどではないでしょうか。しかし，日本の場合，死刑には前提として殺人があり，その殺害状況は，当然ながら，処刑よりずっと陰惨なものだということも知っておく必要があります。処刑場面を描いたノンフィクションで読めば，死刑などなくなればいいのにと思い，殺人の様子を裁判で傍聴すれば，このような人間は死刑が当然だと思うのではないでしょうか。だれでも心がゆれ動く問題なのです。

　そこで，以下では，裁判所が死刑判決をする要件〔判例①〕を前提にして考えることにしましょう。すなわち，理不尽で残忍・非道な殺人をしたことが疑いない者に対しても，死刑は許されないといえるだろうか，と問うのです。

死刑の憲法上の問題

　さて，死刑は憲法に違反しないかどうかを考えるときには，次のような論点があるといわれています。①死刑は個人の尊重という原則（13条）に反するのではないか。②死刑は憲法の禁止する残虐な刑罰（36条）にあたるのではないか。③現在の死刑の方法は残虐（36条）ではないのか。これらを中心に検討してみることにしましょう。

生命の尊貴と死刑　死刑は，憲法13条の保障する「生命に対する権利」を侵害するので違憲である，という主張に対し，最高裁判所の判決〔判例②〕は次のようにいいました。「生命は尊貴である。一人の生命は，全地球よりも重い」。こういえばきっと死刑を憲法違反とするに違いないと誰でも思うでしょう。でも，続きがあるのです。

　しかし，憲法13条後段は「公共の福祉という基本的原則に反する場合には，生命に対する国民の権利といえども，立法上制限乃至剝奪されることを当然予想している」。

　みなさんの中に，これだから法律家は嫌いだという人がいても仕方ないでしょう。たしかに，後で剝奪できるというくせに，「一人の生命は，全地球よりも重い」なんていうのは偽善的に過ぎるのかもしれません。

　ところで，生命を剝奪できる「公共の福祉」というのは，なんとも抽象的でとらえどころがありません。もうすこし具体的なイメージが必要です。次のように考えればよいでしょう。わたしたちの住む社会には，自分の生命はともかく，他人の生命など何とも思わない人間が現に存在しています。たとえば，金のために，逆恨みのために，極端な場合には娯楽のために，人を殺す人間もいるのです。そのようなことを行う人間の生命が「全地球よりも重い」としても，それを完全に保護するわけにはいかないでしょう。なぜならば，殺された相手の生命も「全地球よりも重い」のですから。このような行為を行った者に対しては，「生命に対する権利」の剝奪もやむをえないということになります。これを，一般的に公共の福祉のため

の制限といっているのです。

<hr>

適正手続条項と死刑

ところで，以上の理屈は，最高裁判所が死刑を合憲とする際の切り札ではありません。憲法 31 条は，もっとはっきり死刑制度を認めているというのです〔判例②〕。すなわち，31 条が，「法律の手続によらなければ生命……を奪はれない」といっているのは，これを裏からみれば，生命を奪う制度を法律でつくることができることを意味しているというのです。この解釈には，文言の上だけでなく，次のような実質的な根拠もあります。

憲法 31 条の底にあるのは，人の生命が尊重されるべきことは当然であるが，やはり人間からなる社会や国家に極度の危害を加えるときには，場合によっては加害者の生命を奪うことも認めざるをえないというのが前に述べた 13 条の考え方です。そのことを前提としながらも，死刑を含む刑罰制度が勝手につくられたり，運用されてはたまらないので，それらは国民を代表する国会のつくる適正な法律によらなければならない，というのが 31 条の趣旨なのです。ここでも，死刑制度自体が否定されている，とは考えにくいのです。

学界の大勢が死刑制度を合憲とするのは，このような最高裁判所の理屈を認めてのことと考えられます。

<hr>

死刑は残虐な刑罰か

他方，憲法には，死刑制度を否認する根拠にできそうな条文もあります。その代表は，残虐刑を禁止する憲法 36 条です。これを根拠に死刑を違憲とする

主張は，2つの段階に分けて考えることができます。つまり，死刑制度そのものが残虐だという意見と，死刑の執行方法が残虐だという意見です。まず，前者からみてみましょう。

(1) **死刑制度の残虐性**　　死刑は最高裁判所がいっているように，憲法によって予想されているとしても，それは死刑制度の可能性を示しているにすぎません。積極的に，死刑制度を法律でつくりなさいと要求しているとは考えられません。

そうであるとすれば，死刑が残虐な刑罰として禁止されるべきものかどうかを，さらに考えてみる必要がでてくるはずです。憲法がつくられた時代には，残虐でないとされたものも，今日では残虐と考えられることもありうるのですから。実際，判例も残虐かどうかは「時代と環境とにおいて人道上の見地から」定まる〔判例②〕として，それが変化することを認めているのです。

最高裁判所は，死刑制度を残虐とは認めませんでした。現在もそうだと考えられます。しかし，基準は変化するというのですから，わたしたちは死刑が残虐かどうかに敏感である必要があることになります。ただ，「人道上の見地から」残虐であるということをどのように認定するのでしょう。国民感情にでもよるのでしょうか。これが難しい点です。

(2) **処刑方法の残虐性**　　次に，処刑の方法も残虐でないことが要求されます。現在わが国で行われている死刑は，処刑室の床の一部を開くことにより死刑囚を落下させ絞首を行う，地下絞架式が使われています。これについて判例は，「現在各国において採用している死刑執行方法は，絞殺，斬殺，銃殺，電気殺，瓦斯殺等であるが，

これらの比較考量において一長一短の批判があるけれども，現在わが国の採用している絞首方法が他の方法に比して特に人道上残虐であるとする理由は認められない」といっています〔判例③〕。

しかし，違憲論の立場からは，現在の処刑方法は残虐であるという主張だけでなく，そもそも人道的な処刑方法などないといった意見が出されています。前者の主張は，処刑方法の変更の要求にとどまることに注意してください。後者は，結局，死刑は残虐刑であるという主張と同じになります。

| 死刑と条約 |

憲法上，死刑の問題を考えるには，さらに国際法とのからみを考える必要があります。それは憲法98条2項が，「日本国が締結した条約及び確立された国際法規は，これを誠実に遵守する」ことを要求しているからです。関連する条約をみておきましょう。

1966年に国連総会で採択され，日本も加わっている「国際人権規約B規約」（正式名は「市民的及び政治的権利に関する国際規約」）6条は，人間の生命権を認めます。しかし，「何人も，恣意的にその生命を奪われない」とするにすぎず，死刑制度自体は容認されています。これに照らしてみると，日本の死刑制度は，法律に基づいており，かつ裁判所の判決によっているので，この規約が否認する恣意的な生命の剥奪には当たらないと考えられます。

1989年に国連総会で採択された，いわゆる「死刑廃止条約」（正式名は「死刑の廃止を目的とする市民的及び政治的権利に関する国際規約の第二選択議定書」）は，この条約に参加した国は死刑を執行できな

いという内容のものです。賛成 59 カ国・反対 26 カ国・棄権 48 カ国による採択でした。日本は反対にまわり，参加もしていません。

　しかし，条約に参加しなくても，「死刑廃止条約」が憲法 98 条 2 項にいう「確立された国際法規」ということになれば，日本は自動的に遵守しなければならないことになります。この条約は 2017 年現在，83 カ国が批准しています。相当の参加国数ですが，まだ確立された国際法規とまではいえないでしょう（2018 年に死刑を執行した国は 20 カ国。アムネスティインターナショナル調べ）。

Step Up

〔関連情報〕

　① 死刑を違憲であるとするのは難しいようです。実際，違憲論を説く学者は少数にとどまります。死刑廃止論者として有名な団藤重光元最高裁判所判事も，死刑は違憲とはいえないが，法律で廃止すべきであるという意見です。

　死刑廃止の理由としては，次のようなものがあげられます。(i)死刑には犯罪防止効果がない。(ii)誤った判決によって処刑された場合，取り返しがつかない。(iii)被害者の遺族の，罪を憎んで人を憎まずという心境を重視すべきである。(iv)世界は死刑廃止に向かっている。

　それに対し，死刑は存置すべきだという意見の人は，次のように反論します。(i)死刑が犯罪を防止するかどうか明らかではないとしても，刑罰の応報という側面を無視すべきではない。(ii)誤った判決は，死刑自体の問題ではない。現状では，死刑の判決について裁判所は非常に慎重である。(iii)被害者の人権や遺族の感情を重視すべきである。(iv)死刑が存続すべきか否かは日本の問題である。日本の世論は強く死刑存置論に傾いている。

みなさんもこの重い問題について，ぜひ真剣に考えてほしいものです。この問題に関する必読文献は，団藤重光『死刑廃止論〔第6版〕』（有斐閣，2000年）で，廃止の理由として，特に(ii)を強調しています。

②　一般的読み物としては，合田士郎『そして，死刑は執行された〔増補改訂版〕』（恒友出版，2006年）を薦めます。死刑囚の世話係の体験にもとづくもので，死刑場や死刑囚の様子が喜怒哀楽とともにいきいきと描かれています。

③　また，大谷恭子『死刑事件弁護人』（悠々社，1999年）は，連続ピストル射殺魔として死刑を執行された永山則夫の弁護士の回想です。死刑廃止を主張する弁護士からみた，死刑事件の法廷のありさまなど，なかなか興味深い本です。

④　美達大和『死刑絶対肯定論——無期懲役囚の主張』（新潮新書，2010年）という異色の本も紹介しておきましょう。

〔関連判例〕

①　最高裁判所昭和58年7月8日第2小法廷判決・刑集37巻6号609頁

死刑判決は，犯罪の性質・動機・やり方・結果の重大性などを考え，やむをえない場合に限られるとしています（いわゆる永山基準）。

②　最高裁判所昭和23年3月12日大法廷判決・刑集2巻3号191頁

死刑合憲判決のリーディングケース。働かないのをなじられ，食事も寝床の用意もしてもらえなかったのを怨み，就寝中の母と妹の顔を槌で殴り殺して古井戸に死体遺棄した事件です。

③　最高裁判所昭和30年4月6日大法廷判決・刑集9巻4号663頁

Break ⑬　死刑執行へのサイン　━━━━━━━━━━━━━

死刑を執行するには法務大臣のサインが必要である。もちろん，裁判で慎重な検討がくわえられた後のことであり，また，大臣が死刑執行を停止できるわけでもないとはいえ，やはりサインをするときには，苦悩するものであるようだ。

「命令書に好き好んでハンコを押す人はいないよ。ボクは死刑の決裁は大臣の職責として割り切っていた。起案ができると手続き上の手落ちがないかどうかを慎重に調べるだけだが，記録を読むと死刑にされても仕方のないケースばかりだ。感情的にしのびないという人もいるが，だれかが決済しなければ，どうにもならないものなのだ。だからボクはハンコを押すときなんの感情も持たなかった。法はちゃちな感情を超越したきびしいものだよ」（小島徹三元法務大臣・サンデー毎日1962年12月16日号）。

　法務大臣という職を引き受けた以上，法律上の義務を果たすのは当然であると考えたのであろう。しかし，個人的感情との葛藤に悩まなかったわけでないのは，わざわざ「ちゃちな感情」といっていることに秘められているようだ。

　左藤恵元法務大臣は，自分の信仰上の立場からサインをせず，千葉景子元法務大臣は辞任直前になってやっと署名した。これは，個人的立場を，法律上の職務に優先させたことになる。小島元法務大臣とは逆に，職務上の義務不履行で悩まなかったのだろうか。

民主政治の
しくみ

　我が国が，鎖国を終えて国際社会に足を踏み出したのは，今から 165 年前の 1854 年に，貴国との間で日米和親条約を締結したことに始まります。それ以来，日米両国とその国民は，様々な困難を乗り越え，相互理解と信頼を育み，今や太平洋を隔てて接する極めて親しい隣国として，強い友情の絆で結ばれております。

（2019 年 5 月宮中晩さん会での天皇スピーチ）

（写真：時事通信フォト）

天　　皇

1条　天皇は，日本国の象徴であり日本国民統合の象徴であ
　　　つて，この地位は，主権の存する日本国民の総意に基く。
7条　天皇は，内閣の助言と承認により，国民のために，左
　　　の国事に関する行為を行ふ。
一　憲法改正，法律，政令及び条約を公布すること。
二　国会を召集すること。
三　衆議院を解散すること。（四から八省略）
九　外国の大使及び公使を接受すること。
十　儀式を行ふこと。

Comment

皇室外交？

先代の天皇（現上皇）は，アメリカ（1994
年），ノルウェー（2005年），イギリス
（2012年），フィリピン（2016年），ベトナム・タイ（2017年）などの
国々を訪問した際に，「おことば」としてスピーチを行ってきまし
たが，その中には，単なる社交辞令にとどまらず，政治的とも受け
とれる内容のものもありました。これを「皇室外交」と評し，歓迎
する向きもみられます。また，皇太子（現天皇）と雅子妃（現皇后）
との結婚に際し，雅子妃の外交官としての経験を生かしての「皇室
外交」を期待する声も聞かれました。しかし，そのような「皇室外
交」は，日本国憲法の下で，はたして許容されるのでしょうか。こ
のような問いを発すると，晩さん会で，アメリカ大統領や副大統領
がアメリカ国民を代表してスピーチを自由にできるのと同じように，
天皇や皇族も日本国民を代表して自由に「おことば」を述べられる
のではないか，雅子妃はせっかく外交官の経歴があり語学も堪能な

のだから，にこにこ笑って握手をするだけではもったいない，その能力を生かしてどんどんと「皇室外交」をすべきではないか，との回答が返ってくるかもしれません。しかし，アメリカの大統領と日本の天皇とは，まったく異質の存在なのです。

象徴天皇制

この問題を考えるにあたっては，まず，現行憲法における天皇の位置づけからみていくことが必要となります。

明治憲法下では，天皇は現人神（あらひとがみ）として神聖不可侵であり（3条），統治権の総攬者（そうらん）として位置づけられていました（4条）。つまり，天皇は生き神様であって，フランスのルイ14世やイギリスのエリザベス1世以上の絶対的な権力者だったわけです。ですから，当然，外交も思うがままにできたわけです。

しかし，日本国憲法下においては，天皇の地位は根本的に変化しました。天皇はもはや絶対的な権力者ではなく，単に「象徴」とされたのです（1条）。「象徴」という言葉は，「鳩は平和の象徴である」というふうに使われますが，無形で抽象的なものを有形で具体的なものによって表示する場合の後者を指します。有形の存在である「天皇」が，無形の「日本国」と「日本国民統合」の象徴とされたわけです。そして，象徴としての天皇は，「国政に関する権能」を有さず，「国事に関する行為」のみを行うとされたのです（4条1項）。つまり，天皇は，政治上の権限をいっさい否定され，形式的・儀礼的行為である国事行為のみを行いうる存在となったのです。さらに，そのような国事行為であっても，天皇が自由に行えるので

はなく，「内閣の助言と承認」の下で，すなわち，内閣の指示の下で行うことが必要とされたのです（3条）。

国事行為

では，形式的・儀礼的な国事行為とはどのような行為をいうのでしょうか。この点，憲法は，「この憲法の定める国事に関する行為のみを行ひ」（4条1項）とし，国事行為の具体的内容を6条と7条で定めています。ですから，天皇が行うことが許される国事行為は，6条と7条が定めるものに限られ，新たな国事行為を勝手につくりだすことは，許されません。6条が定める国事行為としては，内閣総理大臣と最高裁判所長官の任命があります（もっとも，任命といっても，実質的指名権はそれぞれ国会，内閣にあり，天皇はそれをそのまま任命するだけです）。7条が定める国事行為としては，栄典の授与（勲章の授与のことですが，だれに勲章を与えるかは内閣が決定し，天皇は勲章を手渡すだけです），法律の公布（法律をつくるのは国会であって，その法律を官報で国民に知らせる際に，天皇の名前が入るだけです），外国の大使・公使の接受（外国の大使・公使からのあいさつを受け，それに答えるという儀礼的行為です），儀式の遂行（たとえば，昭和天皇死去の際の「大喪の礼」，新天皇の「即位の礼」の儀式がそれにあたります）などがあります。これらはすべて，形式的・儀礼的な行為にすぎません。

公的行為

天皇は，テニスや散歩といった純然たる私的行為のほかは，憲法6条と7条が明示する国事行為しか行えないと解すると，外国の元首から天皇に親書が

届けられても返事の親書を出せないことになって礼を失するなどの不都合が生じる場合があります。そこで，少なからぬ憲法学説は，「公的行為」という範疇を設け，天皇がそれを行うことを認めます。ただし，無限定に公的行為を認めるのではなく，国事行為に準じるような形式的・儀礼的行為というように，限定的に認めています。さらに，公的行為といえども，天皇が自由に行えるのではなく，内閣の補佐と責任の下で行われるとしています。

皇室外交は憲法上許容
されているか

以上の点を踏まえて，この問いに対する答えを導いてみましょう。その際には，まず外国訪問や外国の賓客招待の際に天皇が「おことば」を述べること自体が憲法上許されるのか，という問題をまず考え，その点が肯定された場合に，つぎに，どのような内容の「おことば」ならば，憲法上許され，また許されないのか，という問題を考えることが必要となります。

(1) 「おことば」は私的行為か　天皇も生身の人間ですので，憲法に書かれていなくても，上述のような私的行為は当然許されます。では，「おことば」は私的行為といえるのでしょうか。天皇が散歩中に出会った人に「おはよう，暑いね」と声をかけることは，たしかに私的行為といえます。しかし，公務で来日している外国の大統領を皇居に招いて「おことば」を述べることまで私的行為とみなすことには無理があります。ですから，「おことば」は私的行為としては正当化されないことになります。

(2) 「おことば」は国事行為か　天皇が国事行為をなしうることは，

憲法の明文上明らかです。では，晩さん会での「おことば」は，国事行為といえるのでしょうか。憲法6条と7条は，「おことば」については直接ふれてはいません。しいて該当しそうなものを探せば，7条10号の「儀式を行ふこと」となるでしょうが，そこでいう「儀式」は天皇が主宰する儀式を意味します。そうすると，天皇が外国の賓客を晩さん会に招待して「おことば」を述べる場合なら10号に該当するといえなくはないが，外国訪問の際に外国の大統領に招待される場合まで10号に含めるのは，やはり無理があります。ですから，国事行為として正当化されるとしても，それは一部の「おことば」だけということになります。

(3) 「おことば」は公的行為か　少なからぬ憲法学説は，天皇が国事行為以外にも公的行為をなしうることを認めます。では，晩さん会での「おことば」は公的行為といえるのでしょうか。この点については，憲法7条の9号と10号が「外国の大使及び公使を接受すること」と「儀式を行ふこと」を国事行為として明示していることから，外国との儀礼的つきあい一般も，それらに準ずるものとして，公的行為とみなすことも可能です。

(4) 「おことば」の中身　しかし，天皇が外国訪問や外国賓客招待の際に，「おことば」を述べること自体は憲法上許されるとしても，そのことから「皇室外交」までが憲法上許されることにはなりません。というのは，「皇室外交」として述べる「おことば」の中身が問題になるからです。この問題については，さらに，①「おことば」の内容を決定するのは誰か，②「おことば」の内容はどのようなものであってもよいのか，という2点の検討が必要となります。

①については，形式的・儀礼的行為だから天皇が自ら「おことば」の内容を決定できると考えられるかもしれません。しかし，「おことば」といっても，純然たる私的行為ではなく，国事行為または公的行為として，その内容は内閣によって実質的に決定され，天皇はそれを読むだけということになります。②では，内閣が決定するのなら，その内容はどのようなものであってもよいのでしょうか。それには大きな制約があります。たとえば，晩さん会で「両国の発展と友好を心より願います」といった社交辞令にとどまる内容ならば，憲法上許されるでしょう。しかし，そこでの「おことば」が，社会主義を排して資本主義諸国だけの繁栄を図りましょうといったような政治的内容を含むものである場合には，憲法上許されません。なぜならば，天皇は日本の象徴として，政治的中立性を要請されているからです。

　以上の点から，社交辞令をこえた内容の「おことば」を述べるような皇室外交を天皇が行うことは，憲法上許されません。晩さん会で天皇とアメリカ大統領が並んで座っていても，仲良く談笑していても，両者はまったく異質の存在であって，天皇に皇室外交を期待することはできません。また，いかに雅子妃に外交官経験があっても，それを皇室外交として生かす道はありません。

Step Up

〔関連情報〕
①　井沢元彦＝島田裕巳『天皇とは何か』（宝島社，2013 年）

作家である井沢元彦氏と宗教学者である島田裕巳氏が，「天皇とは何が特別なのか」「天皇はどこからやってきたのか」「天皇はどう変ってきたか」「天皇家の行き先は」といったテーマでの対談を通じて，「天皇とは何か」という問題に迫っています。

② 中野正志『女性天皇論』（朝日新聞社，2004年）

雅子妃の「お疲れ」問題をかわきりに，推古天皇から始まる女帝の歴史をさかのぼりつつ，天皇制の過去，現在，未来を論じています。

③ 西原博史『学校が「愛国心」を教えるとき』（日本評論社，2003年）

1999年の「国旗・国歌法」成立以降，学校の入学式，卒業式などで日の丸掲揚・君が代斉唱が強力に導入され，それに従わない教師が処分される事件が相次いでいます。あなたも，この本を読んで，日の丸・君が代の問題を考えてみませんか。

④ 飯田泰士『詳説　天皇の退位』（昭和堂，2018年）

皇室典範で生前退位制度が採用されなかった理由，歴史上の生前退位の例，先代の天皇の生前退位が実現するまでの詳細な経過などが書かれています。

⑤ 「大嘗祭」発言

秋篠宮親王（現皇嗣）が2018年に，大嘗祭について，宗教色が強いものを国費で賄うことが適切かどうか，天皇家の「私費」にあたる内廷費で賄うべきだと発言しました。これに対して，「政治的発言」であり不適切であるとの批判もありますが，「天皇家」の儀式を「私費」で賄いたいと，いわば「身内」の事項について発言しているのですから，批判はあたらないでしょう。

〔関連判例〕

記帳所事件＝最高裁判所平成元年11月20日第2小法廷判決・民集43巻10号1160頁

知人に金を貸したが返してくれない場合，わたしたちは民事事件として，その知人を裁判所に訴えることができます。では，天皇を訴えるこ

とができるのでしょうか。民事事件で天皇が訴えられるという事態が，実際に生じました。すなわち，昭和天皇が重態に陥った際に，多くの地方公共団体は公費で記帳所を設けました。それに対して，住民が昭和天皇の相続人である先代の天皇に対して，不当利得の返還請求を行ったのが本件です。最高裁判所は，天皇が象徴であることを理由に，天皇には民事裁判権がおよばないとしました。

Break ⑭　女性天皇・生前退位 ━━━━━━━━━━━━━

　女性は天皇になれないのだろうか。日本の歴史をふりかえってみると，推古天皇，持統天皇などといった女性の天皇は存在していたし，外国では現在でも，イギリスのエリザベス女王のように，女性の国王が存在している。しかし，現在の日本では，女性は天皇にはなれない。なぜならば，皇室典範という法律が，1条において，「皇位は，皇統に属する男系の男子が，これを継承する」と定めているからである（なお，摂政については，皇室典範は，17条において，女性の就任も認めている）。

　では，憲法は女性天皇の問題をどのように考えているのだろうか。明治憲法は，2条において，皇位は男性のみが継承するとして，女性天皇を明示的に禁止していたが，現行憲法は，皇位継承については2条において，「皇位は，世襲のものであって，国会の議決した皇室典範の定めるところにより，これを継承する」と定めるのみで，女性天皇を排除してはいない。そうすると，国会が皇室典範を改正すれば，現在の日本でも女性天皇は可能ということになる。

　近年，皇室には女児の誕生が続き，「女性天皇」の検討を含めた皇室制度の在り方を見直す「皇室典範に関する有識者会議」が設けられたが，2006年に悠仁親王が誕生し，父・秋篠宮親王以来，41年ぶりの男子誕生となった。悠仁親王誕生によって，皇室典範改正案の提出は，見送られることとなった。

　天皇の生前退位についても，同様のことがいえる。憲法は天皇の生前

退位を禁止してはいないので、「天皇が崩じたときは、皇嗣が、直ちに即位する」と定めている皇室典範4条を改正するか、一代限りの特別措置法を制定すれば可能ということになる。先代の天皇が82歳の時（2016年）に、生前退位への思いを表明し、2017年に「天皇の退位等に関する皇室典範特例法」が制定され、2019年に、江戸時代の光格天皇以来約200年ぶりの生前退位が実現した（もっとも、歴史的にみれば、歴代天皇のうち約半数が生前退位しており、珍しいことではない）。

🔄　　　　　　　　*Mini Window*　⑤　　　　　　▼　▲

最高裁判所の構成

　現在の最高裁判所は、全部で15人の裁判官で組織されており、内閣がそのうちの1人を長官に指名し、その人を天皇が任命します（憲法6条2項）。それ以外の14人の裁判官は内閣が任命します（同79条1項）。15人の裁判官は、それぞれ5人ずつで「第一小法廷」から「第三小法廷」という3つの合議体を構成します。

　Step Up で引用されている判例の出典の欄に「大法廷判決」と書かれているのは、裁判官全員の判決という意味で、法律などが憲法違反だと判決するときや、過去の判例と違う判断をするとき（判例変更）などには、必ず大法廷で取り扱われることになっています（裁判所法10条）が、それ以外の場合は、原則として、各小法廷で事件が審理され裁判されます。

陸上自衛隊戦車部隊パレード（毎日新聞社提供）

自衛隊法３条

（自衛隊の任務）

① 自衛隊は，わが国の平和と独立を守り，国の安全を保つため，直接侵略及び間接侵略に対しわが国を防衛することを主たる任務とし，必要に応じ，公共の秩序の維持に当るものとする。

② 陸上自衛隊は主として陸において，海上自衛隊は主として海において，航空自衛隊は主として空においてそれぞれ行動することを任務とする。

平 和 主 義

> 9条
> 1項　日本国民は，正義と秩序を基調 とする国際平和を誠実に希求し，国権の発動たる戦争と，武力による威嚇又は武力の行使は，国際紛争を解決する手段としては，永久にこれを放棄する。
> 2項　前項の目的を達するため，陸海空軍その他の戦力は，これを保持しない。国の交戦権は，これを認めない。

Comment

人権の必要条件
としての平和

人権とは，要するに人の生命・身体・財産を保障し，各人が自分なりの考えを持ち，表現し，活動することを通じて，生きがいを感じる生活を確保することといえます。つまり，幸福を追求するようにできることだと考えられます（憲法13条）。したがって，憲法で保障された人権も，平和な状態でなければ「絵に描いた餅」です。戦争には「専制と隷従，圧迫と偏狭」・「恐怖と欠乏」が影のように伴います。人権が極度に制約されたり，場合によっては否認されることも少なくありません。

このように，人権が十分に保障されるためには，平和であること，すなわち戦争や武力の行使が行われないことが必要です。では，日本国憲法はどのようにして平和を確保しようとしているのでしょうか。

平和とその達成手段

世界の歴史をみると,「平和は自国の正義が確立されることではじめて存在し,その達成手段としては戦争も辞すべきではない」と考えられました。もっとも典型的なのは中世ヨーロッパの宗教戦争における戦争観でしょう。そこでは宗教上の敵に対しては断固戦い,打ち破って「真の平和」を確立するのが国の任務と考えられていたのです。これを正戦論といいます。

現在の日本国憲法の平和観は,正戦論とは相当違ったものと考えられます。一方で戦争によって平和を獲得するという単純な正戦論でもなく,また奴隷の状態に慣れ,それをも平和とするような,戦争のないだけで単純に平和とするものでもありません。このことは9条1項が「正義と秩序」を希求していることからもうかがえます。それは「平和を愛する諸国民の公正と信義に信頼して,われらの安全と生存を保持」する(前文2段1文)というのです。

ところで,国際社会は特に20世紀以後急速に国際法を発展させてきました。戦争と平和についてもしかりで,「平和を愛する諸国民の公正と信義」というのもこれに基づくものです。

現在の国際法によれば,国際紛争を解決するための戦争は原則として禁止とされています(パリ不戦条約)。戦争は原則として違法とされているのですね。しかし,例外が2つあります。①自国を他国の侵略から防衛するための戦争(自衛戦争)と,②国際社会の代表たる国連の承認のもとに国際法違反を排除するための戦争です。湾岸戦争がこれに当たります。

日本国憲法9条もこのような考え方に沿って解釈されています。

これを要するに，薄められた正戦論といえるのではないでしょうか。

9条──戦争放棄主義

まず，9条の起草の来歴からみてみましょう。この条文は占領軍であった連合国軍総司令部（GHQ）が日本国憲法の草案を起草するにあたって，総司令官であったマッカーサー元帥よりだされた指示に起源があります。「日本は，紛争解決のための手段としての戦争，さらに自己の安全を保持するための手段としての戦争をも放棄する」というもので，自衛を含むあらゆる戦争が明示的に否定されていました。

しかし，草案を実際に作った部下のGHQ草案では「いかなる国であれ他の国との間の紛争解決の手段としては，武力による威嚇又は武力の行使は永久に放棄する」というもので，自衛戦争まで否定するかは不明確なものとなりました（むしろ紛争解決手段でなければ戦争はできることを示唆しています）。なぜ指示通りにしなかったのかはわかりません。GHQの起草者は自衛戦争は，国家固有の権利であって，憲法によっても放棄できないと考えていたのかもしれません。

さらに憲法制定議会の審議過程においても，9条2項の冒頭に「前項の目的を達するため」という，以後の議論をさらに紛糾させるような文言の追加がなされました（自衛戦争ができるとすると，そのための軍備も許されるという印象を強めますね）。しかし，当時日本は連合国の占領下にありましたから，憲法制定議会においては自衛戦争やそのための軍備についてのシリアスな討議はなされませんでした。あらゆる戦争あらゆる軍備は禁止されるという単純な認識だっ

たようです。憲法制定以後も政府はこう考えていました。

　ところが，朝鮮戦争がおきると状況は一変します。それへの対応のために連合国軍総司令官マッカーサーは，日本政府に対して軍備を持つように指令を出しました。それに基づいて，1950（昭和25）年に警察予備隊がつくられ，後に自衛隊へと発展したのでした。

　これに応じて，政府は9条の解釈を変更してゆきます。まず，9条は国を自衛する権利（自衛権）自体を放棄するものではないとします。それを前提として，警察予備隊は日本が持つことを禁じられている近代戦争遂行能力たる「戦力」とはいえないと説明したのです。しかし，「戦力」をそのように解するのは狭すぎ，詭弁に近い説明でしょう。また，この説明は自衛隊の時代になると，実態（国際的にも強力な軍隊と評価されるようになります）にそぐわないものとなりました。そこで1954（昭和29）年に（鳩山内閣）政府見解を変更しました。それが今日まで維持されますが，それは後に説明する少数説と同じものです。

　自衛隊が憲法9条に違反するかという問いに最高裁判所が答えたことはありません。地方裁判所に，2つの相反する判決があります。1つは長沼訴訟第一審判決で，自衛隊を違憲としました〔判例①〕。もう1つは百里基地訴訟第一審判決で，自衛隊が合憲かどうかの判断は，政治性の高い行為であって，裁判所が判断するに適さないという考え方をとりました（これを統治行為の法理といいます）〔判例②〕。この判決によれば，違憲ではないですから自衛隊は存続できるという結論になります。

(1) **多数説**　学説の多数は，自衛隊は違憲と主張します。理屈をみてみましょう。まず，9条1項の解釈において「国際紛争を解決する手段として」の戦争とは，侵略戦争を意味するとするパリ不戦条約の解釈に従います。自衛戦争まで否定されるわけではありません。

しかし，①侵略戦争も自衛のためというスローガンで戦われますし，②軍備においても，自衛戦用と侵略戦用を区別することは実際上できないと指摘します。このような理由から，9条2項はすべての戦力の保持を否定する結果となるとします。

結局，1項の侵略戦争をしないという目的を達成するため，2項で――自衛用も含め――あらゆる戦力は保持しないと解することになり，したがって自衛隊は違憲という結論になります。

この多数説には，わが国が軍事的な侵略，ないし脅威にさらされた場合どうするかという難問がのこります。軍隊といえるかどうかは別として，軍備がないわけですから降伏するしかないでしょう。一部には警察力による抵抗や軍民蜂起によって対処できるという見解もありますが，それは無理というものでしょう。また，憲法の予定する最後の拠り所は国連ということになりますが，日本を防衛できるだけの能力があるとはとうてい考えられません。この学説は国際社会の実情にそぐわない理想論であるという批判には理由があるといえるでしょう。

(2) **少数説**　以上のような多数説に対して，9条2項は1項の禁止する国際紛争解決の手段に用いられるような軍備を否定したものにすぎない，と解釈します。条文に従った素直な解釈です。この

学説によれば，自衛のために軍備を持つかどうか，どの程度持つか
は，国際社会の状況をにらんで，国会が決めるべき事柄だとします。
そもそもどのような軍備を備えるかは理論的に決定できることでは
なく，国際情勢は刻々と変わるのだから国会による判断に依拠する
のが適切であると考えるのです。自衛隊は，国会による法律に基づ
いてコントロールされているので合憲ということになります。

対立の根

　　　　　　　　　　　多数説と少数説の対立の根の一つは，前文
に示された国際社会のあり方をどのように
憲法9条の解釈と結びつけるかにあります。

　少数説の考えは次のようなものです。すなわち，前文の平和主義
は，国際連合を中心とする国際社会への過剰な期待がある。現実の
国際社会は，平和を希求する集団ではないし，国連は侵略を阻止す
る能力をもつとはいえない。それに基づく9条の解釈は，適切とは
いえないというわけです。

　それに対して多数説は，前文2段の通り国際社会への信頼を基礎
とすべきとします。すなわち，侵略される危険を承知の上で，日本
は国際社会のあるべき姿——あらゆる軍備の放棄——を先取りして
いるのだと主張します。この理想の追求こそ，日本が国際社会で名
誉ある地位を占めるゆえんであるとするのです。

　みなさんはどちらの立場が適切であると考えますか。それぞれ考
えてみてください。戦争と平和の問題は，どんなに難しくとも，避
けては通れないのですから。

21 世紀に入り，日本を取り巻く国際環境は著しく緊張が高まっています（中国の軍拡や北朝鮮の核開発など）。それに応じて，日本政府は防衛体制を強化しました。まず，組織として従来の防衛庁を 2007（平成 19）年に防衛省に昇格させました。業務内容として特筆すべきは，その合憲性が議論の対象となり，従来否認してきた集団的自衛権（日本が，密接な関係にある他国と共同して，攻撃してきた国に反撃する権利）の行使を 2014（平成 26）年に閣議決定で容認したことです。

すなわち，政府見解として 9 条の解釈を変更し（「解釈改憲」と言われます），それまで日本の領土領海の保護（およびそれによる国民の安全の確保）に限定してきた自衛権（個別的自衛権）行使の範囲を拡大したことになります（なお，2020〔令和 2〕年 2 月には，海上自衛隊の護衛艦の中東派遣が行われましたが，目的は中東の海上での日本関係船舶の安全確保に限定するとして他国の軍事活動とは一線を画しています）。

日本は，戦争放棄主義の補完目的で日米安全保障条約を結んでいます。この条約をより効果的に実施するために 1997（平成 9）年に「日米防衛協力のための指針」が改定されました。その裏づけとして「周辺事態法」などの法整備がなされました。2015（平成 27）年には中国の海洋進出などの状況の変化に合わせて再改定されました。

Step Up

〔関連情報〕

①　現実的主義的視点から，有事法制を解説するものとして，森本敏＝浜谷英博『有事法制』（PHP，2003 年）をあげておきます。

②　自衛隊の現場の声を知ることも欠かせません。杉山隆男『兵士に聞け』（小学館文庫，2007年）は，とても興味深い本です。

③　憲法9条をめぐる問題については，有斐閣編『憲法第九条〔改訂版〕』（有斐閣，1986年）を推薦します。絶版になっていますが，図書館で探して読む価値があります。

④　集団的自衛権については，小川和久『日本人が知らない集団的自衛権』（文春新書，2014年）をすすめます。

〔関連判例〕

①　長沼訴訟第一審判決＝札幌地方裁判所昭和48年9月7日判決・判例時報712号24頁

北海道の長沼町の自衛隊基地にミサイルを設置することになり，同町の水源涵養保安林が使用されることになったため，農林大臣は，保安林の解除処分を行いました。これに対し地元住民がこの解除処分の取消しを求めたのがこの事件で，その前提として自衛隊の合憲性が問題になったのです。判決は，「自衛隊の編成，規模，装備，能力からすると，……陸，海，空各自衛隊は，憲法第9条第2項によってその保持を禁ぜられている『陸海空軍』という『戦力』に該当するものといわなければならない」としました。

②　百里基地訴訟第一審判決＝水戸地方裁判所昭和52年2月17日判決・判例時報842号22頁

原告は被告に自衛隊基地予定地を売ることにしたのですが，支払にトラブルが生じたため，改めて自衛隊に土地を売ることにし，原告が被告に契約の解除と土地の仮登記の抹消を求めました。これに対し，被告は自衛隊はそもそも違憲無効の存在だとして争った事件です。

判決は，自衛隊を合憲と認めるか否かは，高度に政治的な判断を必要とするので，一見きわめて明白に違憲無効であると認められない限り裁判の対象にしないとしました（統治行為の法理）。

　冷戦の時代，わが国は日米安保条約によって，強力な軍事的保護を受けてきた。親方アメリカのもとで，せいぜい日本の防衛に専念すればよかったのである。その夢をさましたのが，1991（平成3）年の湾岸戦争を契機とする国連のPKO（Peace-Keeping Operation）への参加問題であった。これは，国連の平和機能のひとつで，国際紛争の一応の終息の後に行われる平和を維持・発展させる活動である。すなわち，国連事務総長の要請と紛争当事国の同意のもとで，戦塵さめやらぬ地域で，各国派遣の軍隊が主となり，道路復旧・停戦監視・兵力引き離しなどを行うのである。これに自衛隊を派遣するのは憲法違反か，ということが問題となったのである。

　自衛隊の存在自体を憲法違反とする多数説では，勿論，派遣など認められるべくもない。しかし，自衛隊を合憲とする場合でも，自衛隊の活動は日本を侵略する他国に対する防衛に限られるべきであるから憲法違反とする考えがありうる。だが，自衛隊は，防衛だけを目的とする組織ではない。実際，災害救助なども任務のひとつであり，それを違憲とはいえない。

　PKO派遣は，外国と（自衛ないし侵略）戦争をするのを目的とするものではない。任務の性質上自衛隊の設備・技能が必要なために派遣されるのである。

　そもそも憲法は，日本を「われらは，平和を維持し……国際社会において名誉ある地位を占めたい」（憲法前文2段）という抱負をもつ国であるとしている。とすれば，国際社会の代表たる国連の要請に応じて，外国においても，平和を維持する活動ができると考えるのが当然であろう。それが民間人や警察で可能なら，それらを派遣すればよい。しかし，それでは不可能な場合，自衛隊を派遣しうるであろう。自衛隊の場合のみを違憲とするのは難しい。戦争行為に踏み込まない限り，自衛隊の海外でのPKO活動は合憲であると考えられる。

（写真提供：参議院事務局）

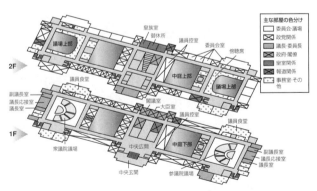

（初宿正典ほか編著『目で見る憲法〔第5版〕』70頁〔有斐閣，2018年〕）

国 会 (1)

> 42条
>   国会は，衆議院及び参議院の両議院でこれを構成する。
> 43条
>   1項　両議院は，全国民を代表する選挙された議員でこれを
>   組織する。
>   2項　両議院の議員の定数は，法律でこれを定める。

Comment

――憲法のゼミナールでのひとこま〔T：先生，A・B・C：学生〕

二院制って何だ？

A：それでは，今日は「参議院の存在意義」について調べてきたことを報告します。

　日本国憲法は多くの国の例にならって「二院制」を採用しています。「両院制」ともいいます。国の立法にたずさわる機関を複数の会議体から構成し，これらの会議体のそれぞれの議決が合致したときに，初めて法律が成立するという制度をとる場合でも，必ずしもその会議体の数は2とは限りません。ですから三院とか四院とかいうのも考えられますし，現実にそういう制度がとられた例もないわけではないようです。しかし多くの場合，二院ですので，以下の報告では，二院制ということに話をしぼっておくこととします。

　それで，国会を二院から構成する制度をとっている国を類別しますと，だいたい3つの類型があるのではないかと思います。

T：ちょっと待った！　君は今,「国会」を二院から……といったけど, 正確にいうと「議会」をということだね。「国会」というのは, 日本国憲法の下での議会を表す固有名詞みたいなものだからね。現に, 明治憲法下の議会は「帝国議会」という名称だったんだから。

A：はい, わかりました。すみません。

二院制の類型

A：では, もういちど言い直します。議会を二院から構成する制度をとっている国を類別しますと, 連邦制型と貴族院型, それにそのどちらでもない第3の類型があるといえます。第1の類型は, アメリカ合衆国とかスイスとかドイツとかにみられるもので, アメリカの場合についていいますと, 国民の代表からなる下院と州代表からなる上院とがあります。ドイツの場合には連邦議会と連邦参議会といいます。

T：ただ, ドイツの場合を第1類型に入れてよいかどうかは, ちょっと問題だけどね。

B：先生, それはどうしてですか？　今のA君の説明で間違っていないように思うんですが……。

T：じゃあ, A君, 二院制をもういちど定義してくれますか。

A：えーっと, 二院制というのは, 要するに国会, じゃなかった, 議会が2つの独立した会議体からできていて, その両方の独立した意思決定が合致しなければ, 原則として議会としての意思決定が完成しないという制度だと思います。

T：そうすると, 少なくとも現在のドイツの場合には, 立法機関

はあくまでも連邦議会であって，憲法のたてまえからすると，連邦参議会の同意がないと法律が成立しないのは，憲法に個別に定められている場合だけで，原則としては連邦議会の議決が法律の成立要件なんだ。たしかに連邦参議会も，半分ぐらいの割合で立法に参与したり協力したりするけどね。

B：なるほど，そうなんですか。スミマセン，不勉強のくせに偉そうなこといって……。

T：いや，それでいいんだよ。疑問を感じたら，恥ずかしいと思わずに何でも積極的に質問しないとダメなんだ。君のような態度がゼミにはむしろ望ましいんだ。とくに最近，ほとんど発言しないおとなしすぎる学生諸君が多くなってきたように思うんだけど，もう少し論争好きにならないと困るよ。では，ドイツのことはさておくとして，A君，先ほどの類型の説明を続けてください。

A：はい。それで，第2の類型はイギリス型で，貴族のような特殊な身分があって，そうした身分の利害を代表するための機関が置かれる場合です。フランスのモンテスキューが『法の精神』という有名な本の中で主張していた二院制も，この類型だといっていいと思います。そして明治憲法の貴族院もこの類型といわれています。でも，こうした類型をとっている国は，現在ではもうかなり少なくなっています。

C：それは当然だと思うんです。日本にも昔は貴族があったんだから，貴族院が必要だったというのはわかるけど，戦後は，天皇や皇族のような特殊な一部の存在は別にして，貴族という身分がなくなって（憲法14条2項），国民主権の民主国家になったんだから，

国民を代表する議会が二院から構成されなきゃいけない理由はなくなったんじゃないんですか。むしろ，国民の代表機関である議会は1つで十分で，参議院なんか要らなかったんじゃないかとも思うんですが……。

　T：C君，大切な点に気がついたね！　実は日本国憲法は，当時のアメリカの総司令部が作成した草案（普通「マッカーサー草案」と呼ばれます）を基礎として作られたんだけど，その草案では，「国会は，300人より少なくなく500人を超えない，選挙された議員から成る，単一の議院で構成する」というような文言になっていたんだ。日本にはアメリカのような州はないんだし，それにイギリスと違って貴族を廃止したんだから，もはや二院制をとる意味はなくなったはずだ，というわけだ。

　B：それがいつのまに二院制ということになったんですか？

　A：その点について説明しますと，当時の日本政府は司令部との交渉で，やはり二院制の方が一院制に比べて少なくともわが国の制度としては長所があると信じている，しかも，貴族院ではなく参議院という新しい形態のものにしたい，というようなことを強く主張して，結局これが容れられたという経緯があるんです。ただその際に，総司令部側は，衆議院だけではなく参議院も公選の議員で構成されることが絶対条件だとしたとされています。

日本国憲法の二院制

　T：まあ，その点はそれでいいとして，先ほどの説明を続けてもらうと，日本国憲法の場合は，この第3の類型だというわけだよね。他にもこれに似た

二院制をとっている国はありますか。

　A：はい，たとえばフランスなどは，連邦制ではないのでアメリカ型ではないし，かといって，共和国なのですからイギリス型でもなく，議員の選び方には日本の場合と違いはあるけど，しいていえば第3の類型に入れていいと思います。この類型にほぼ共通していえることは，州とか貴族とかの利害を議会での立法に反映させるというよりも，むしろ，法案をそれぞれ違った角度から審議して，法律の成立に慎重を期そうというようなねらいがあるということです。

　Ｔ：それはそうだけど，日本の参議院にあたるフランスの元老院の場合だったら，地方公共団体の代表を確保するために，県議会の議員と市町村議会の代表などから選ばれた選挙人とから（システムは少し複雑だけど）議員を選ぶことになっている（複選制）し，イタリアでも元老院の議員のうちのいく人か（たとえば元大統領など）は，終身の議員になることになっているから，日本の場合とは代表の質が違うと思うんだけど……。

　Ａ：そうなんです。日本の場合には，選挙母体も似ているし，選挙方法についても，衆議院と参議院とはますます似かよってきていると思うんです。具体的に現在の数字をいいますと，えーっと，参議院議員は定数248人で，そのうち100人は比例代表選出議員，残りの148人は選挙区選出議員です。それから衆議院議員の方は，2018（平成30）年の公職選挙法改正によって，今のところ定数は465人で，そのうち小選挙区選出議員が289人で，残りの176人が比例代表選出議員となっています（小選挙区比例代表並立制）。ですから，衆参どちらも，各地方ごとの選挙区から個人単位で選ばれる

議員と，政党ごとに獲得した票数で比例配分して政党の提出した名簿の順番に上から選ばれる議員とがいるということになったわけです。それに，憲法のたてまえからすると，衆議院議員も参議院議員もどちらも「全国民の代表」であって，地方の利益の代表ということにはなっていないんです。となると，憲法が二院制をとっていることに，はたしてどれだけの意義が残っているのか，ぼくも何となく疑問に思ったり……。

C：だからぼくも，先ほどちょっとそういう意見をいいたかったんです！　だって，衆参両院の違いといえば，衆議院議員は任期4年で，解散されればもっと短くなるけど，参議院議員は任期6年で解散はなく，3年毎に半数ずつ改選する，っていう点ぐらいしかなくなってしまっているように思うんです。

| 参議院の意義 |

B：でも，参議院のほうは，学者とかタレントとかジャーナリストのように，さまざまな分野から，衆議院とはちょっと毛色の違った議員が立候補してくるでしょ。衆議院の場合は，たしかにどこかの政党に所属していないと当選は難しいでしょうけど，そうではなくて，学界，経済界，芸能界といったさまざまな分野のいろんな考え方の人が選ばれるのなら，さまざまな視点から日本の政治を考えていけるという点で，それなりにいいんじゃないの。

C：でも，少し前までのように全国区選出議員としてなら，学者・文化人・ジャーナリストのように，全国的に知られた人が当選しやすいと思うし，実際，戦後まもなくの時期には，そういった有

名人がけっこう議員に当選していておもしろかったけど，今の制度のように比例代表制になってからは，やっぱり参議院もほとんど政党中心になってきているんじゃないかなあ。現にほら，かつての日本新党の代表であった細川護熙さんなんかも，もともと1992年7月の参議院選挙で比例代表区で名簿第1位で当選したのに，翌1993年7月には衆議院で立候補したでしょ。それで参議院に欠員ができ，これがきっかけで，例の「松崎事件」という事件が起こったんですよね。

　T：C君，難しい事件をよく知っているね。

　C：いえ，この前ちょっと『法学教室』でこの判決〔判例①〕にふれてあったのを読んだだけで，判決の中身の詳しいことは知らないんですが，要するにぼくは，衆議院も参議院も政党化が進んでいて，両院の代表者は同質化してしまっているから，参議院の存在価値はあまりないのではないか，ということを言いたかったんです。

　A：でも，たとえそうであったとしても，法律の制定にあたって別々の院でそれぞれに審議し議決するということで，慎重を期すことができるという利点はあるんじゃない？

　B：でも，また逆に，二院制は一院制に比べて立法に時間が余計にかかるから，急を要する時には適しない場合もあるという欠点もあるように思いますけど……。

　T：だいぶんおもしろい議論になってきたように思うけど，時間がなくなってしまったから，A君には来週もういちど，衆議院と参議院の役割や権限の違いとか，衆議院と参議院とで意見が食い違った時にはどうするのか，というような制度上の問題について，今

日の続きで論点を出してもらって議論しましょう。

　A：エェーッ！　またやるんですか。——でも先生のご命令とあれば，仕方がないなあ……。はい，頑張ります。

〔関連情報〕

　議会関係の書物については，**Theme 17**（185 頁）にあげてあるものを参考にしてもらうとして，とくに二院制については，ちょっと専門的ですが，小嶋和司『憲法学講話』（有斐閣，1982 年）の中の「両院制」（225 頁以下）をあげておきましょう。

〔関連判例〕

　①　最高裁判所平成 7 年 5 月 25 日第 1 小法廷判決・民集 49 巻 5 号 1279 頁

　この事件は，参議院比例代表区選挙で日本新党の候補者名簿の第 5 位にいて，選挙の結果，次点で落選した人物が，細川氏と第 2 位の小池百合子氏の衆議院への鞍替え立候補で生じた欠員補充手続で，繰上げ当選者となると思っていたのに，その少し前に党から除名処分をされていたために飛び越され，名簿の第 6 位と第 7 位の者が当選者と決定されたので，この繰上げ当選決定が無効だと主張して争った訴訟です。

　②　最高裁判所平成 24 年 10 月 17 日大法廷判決・民集 66 巻 10 号 3357 頁

　これは，参議院の選挙区選出議員の定数不均衡を争った訴訟についての代表的な判例のひとつです。この中でも，衆議院が参議院と違ってもっている特殊性についてふれられていますし，多くの裁判官が参議院の選挙制度のありかたについてさまざまな意見を述べています。

　フランスの議会の歴史をみると，一院制と二院制が繰り返し採用され
ていることがわかって興味深いが，その中できわめて特殊な例外は，
1799年12月13日にナポレオンが制定した憲法である。

　まず，①法案を準備するのは政府任命の30人の評議員からなる「コ
ンセイユ・デタ」，次に②法案について審議し希望を表明するのは100
人の議員からなる「トリビュナ」，そして③本来的な意味で立法機関と
もいえるのは300人の議員からなる「立法院」だが，この立法院では，
政府と①と②を代表する演説員の意見を聴くだけで，討論をせずに票決
が行われる。さらに，②の議員を選出する60〜80人の議員からなる
「護憲元老院」が，でき上がった法律の合憲性を審査するという複雑な
立法制度であった。

（毎日新聞社提供）

（業田良家『ヨシイエ童話1』9頁〔講談社，1990年〕）

（『同4』187頁〔1992年〕）

国 会 (2)

> 41条
>   国会は，……国の唯一の立法機関である。
> 59条
>   1項　法律案は，……両議院で可決したとき法律となる。

Comment

―― Ｔ教授の憲法ゼミナールのある日〔Ｔ：先生，Ａ・Ｂ：学生〕

どうして法律なの？

Ｔ：民法の大規模な改正が行われた。次の改正に向けた検討も進んでいる。

Ａ：そうですか。急いで改正法に対応した教科書を買わなくちゃ。

Ｔ：法律の改正によって勉強する内容が大きく変わるのは，法学を学ぶうえで避けては通れないできことだね。で，民法を改正することについて，憲法はどのように規定しているか知っているかい。はいＢさん。

Ｂ：民法改正について具体的には書いてありません（笑）。

Ｔ：もちろん，一般的な形で書いてあるんだよ。民法は法律だよね。

Ｂ：えーっと，民法は法律ですから……あら，法律の改正についてもやはり法律で改正すると思うんですけど。

T：はい。そうです。憲法59条によれば，法律は国会がつくる。法律の改正は，法律の一部のつくり直しだ。だとすれば，法律を改正するのも国会である。証明終わり（QED）。

　でも，そもそもどうして民法は法律でなけりゃいけないんだろう。わかるかい，A君。

　A：これもはっきり書いてないなあ。41条で，国会は立法機関といっています。民法は，立法だから，国会がつくるということなんでしょうか。ピンとこないなあ。

　T：そうだね。たしかにピンとこない。この条文を読んだだけでは，民法が，国会で，法律という形式でつくられなければいけないなんてことは，チョット想像できない。

　まあ，常識として民法のような重要なものは法律でつくられることは知ってるだろうけどね。立法に関するチョットくわしい歴史的な説明がいるんだ。コラ，誰だい！　居眠りの準備をしてるのは！

　さて，ヨーロッパでは封建社会が滅んだ後，絶対君主が国家の全権を握る。今でいう立法・行政・司法権のすべてを握るわけだ。その君主の全権掌握に挑戦したのが，市民といわれる人たちだった。彼らは，議会を根城にして，君主が課税するのを認める（議会はそもそも課税同意機関だったんだ）かわりに，自分たちの要求，つまり請願（いまでも日本の憲法16条に残り香がある）をのませたんだ。彼らの要求は，（積もり積もってみると）結局，自分たち市民の自由や権利・義務に関するルールは，自分たちの根城の議会で決めさせてくれということだった。これが議会の立法権になるんだ。

　B：これって三権分立の話じゃありません？　高校のとき習った

わ。

　T：そのとおり。これが議会制民主主義につながっていく。やがて，君主は力を失い，首がなくなることだってあった。君主の行政権は，内閣や大統領に受け継がれる。

　議会が行政権もいっしょに握ることもあった。議会の全権掌握というわけだ。だけど，議会も横暴になることがあるんで，三権分立制を採ることが定着したんだ。

　そこでは，国民の自由や権利・義務に関するルール，すなわち立法は，必ず議会で決めるとされる。そして，そのようにしてつくられるルールを法律と呼ぶというのが，各国憲法の了解事項となったんだ。日本でもそうなっていて，41条もこれを前提にしている。だとすると，民法はどうなる？

　A：民法は，人と人の間の権利や義務について定めるものですね。取引や家族に関して。すると，国会のつくる法律によってルールが定められなきゃいけないですね。

　T：そう，法律でなきゃいけない。じゃ，道路を整備するというのはどうだろう，Bさん。

　B：直接には国民の自由や権利・義務にかかわらない事柄ですね。法律でなくてもいいんじゃないかしら。行政府（内閣）がそのためのルールをつくっても，バチはあたらないと思うわ（笑）。

　T：バチはあたらんね。実際にはいろいろ問題はあるけど，まあ理屈としてはそうなる。もちろん，法律でつくってもいいんだけどね。

T：憲法41条には，国会は国の唯一の立法機関とある。だけど，法律案はほとんど内閣が国会に出しているんだ。今度の民法改正案も同じです。また，法律は天皇が国民に知らせる，つまり公布することで法律としての効力が生じるとされています。これでも国会は唯一の立法機関といえるかね。どう思います，Bさん。

B：唯一の立法機関の意味は，自分だけが法律をつくれるということですよね。うーん。

T：議員も法律案を出せるんだ。この点を合わせて考えてごらん。

B：国会では，議員が法律案を出す方が本筋ですよね。でも，内閣が法律案を出すのを禁止する意味まではないんじゃないかしら。国会は，いやなら法律案を否決できます。唯一の立法機関であるということに違反しないと思います。

T：はい，結構です。じゃ，A君。後の問題。

A：天皇による法律の公布ですか。ヒントをください。

T：お上にも慈悲はある（笑）。59条をよくみてごらん。

A：法律案は，……両議院で可決したとき法律となる，か。あ，国会で法律案が可決されたときには完成しているんでしょう。「法律となる」と書いてありますから。

T：そう。そういってもいいかもしれない。でも，実質的に考えると，効力のない法律なんてカフェインの入っていないコーヒーと同じじゃないかな。公布は法律の要素とはいえないとも考えられますね。

　他方，公布は41条の例外という人もいる。公布というのは，7

条1号で天皇の権能とされている。だから，41条の国会の唯一立法機関性は反するが，7条によって例外として認められていると考えるんだ。憲法自体が例外を認めようというのだから，憲法違反ではないことになる。

衆議院の優越

T：じゃ，もう少し話を進めよう。憲法 59 条1項は，法律案は衆議院と参議院の両院が可決したときに法律になる，といっていますね。必ず両院の賛成が必要なんですか。Bさん，どうぞ。

B：いいえ。両院が必ず一致しなければ法律をつくれないというのでは困りますから，59条2項で，場合によっては衆議院だけで法律をつくれるようになっています。参議院で否決されても，衆議院がこんどは3分の2の多数で再可決すると法律になるのです。

T：どうして，衆議院にそんな力を与えているのかね。

B：きっと衆議院は，参議院に比べて国民の声をより直接的に反映するというので，法律をつくる場合，衆議院の意見を優先させるのだと思います。

T：そのとおりです。予算・条約の承認・内閣総理大臣の指名でも衆議院が優越します。そこで，日本の国会を，一院制的両院制という人もいるくらいなんです。

A君。参議院が法案を否決しても，衆議院で3分の2の再議決で法律をつくられてしまうよね。なんとか阻止したい場合，君ならどうする。

A：そうですね。法案を否決も可決もしないで，棚ざらしにする

のはどうでしょうか。

　Ｔ：そうです。握りつぶしという作戦だね。参議院がそのような手にでた場合について，憲法になにか規定がありますか。

　Ａ：59条4項がそれですね。60日以内に議決しないと，否決したものとみなして，衆議院は再議決できるんです。

　Ｔ：大体そのとおりです。ただ，まず衆議院は「みなし議決」というのをするんだ。それから再議決ということになる。

　Ａ：けっこう面倒なんですね。

　Ｔ：あまり衆議院を優越させると両院制の意味（Theme 16 を見てください）がなくなる。両院は，それぞれが独立の意思をもつのでなければ存在する価値がないだろう〔判例〕。民法のような国民生活の基本となる法律は，衆議院の優越というやり方で決めるのではなく，両院の賛同を得て改正するのが望ましいね。

国民代表としての議員

　Ｔ：ところでもっと重要なのは，両議院の構成員である議員だ。彼らの役割は？

　Ａ：議員は，憲法43条1項で，全国民の代表とされています。でも，どうしてこんなことをいうのかな。選挙区で選ばれるんだから，選挙区の代理人じゃないの？

　Ｔ：いい線いってる。ヨーロッパでは昔，議員は選挙区の代理人だった時代があった。でもそれじゃ，議会は選挙区という地方的利害の代理の場ということになる。国の意思はその利害の寄せ集めということになる。それでいいかな。

　Ａ：国の意思は，国民の意思の反映であるべきだから，選挙区の

意思の総和でいいんじゃないですか。いちばん国民の意思に近似していると思います。

　B：でも，それじゃなぜ議会で討論なんかするのかしら。代理人が，討論の過程で相手のいうほうが正しいと思って意見を変えたりしたら，選挙区に対する裏切りよ。議員は全国区で決めるのが本当なんだけど，地方的な特色ある意見もとり入れたいという理由で地方の選挙区があるんじゃないかしら。

　議員は，討論して，「もっとも適当な国の意思」を決めるのが役割だと思うわ。選挙区では家族は亭主関白であるべきだ，といった意見が強くても，それを議会で主張しなければいけないなんておかしいわ！

　A：選挙区民の意思の総和こそが「もっとも適当な国の意思」じゃないかな。民主主義というのはそういうことだと思うけどな。まあ，亭主関白の例を出されると困るんだけど。やはり代理的な側面を大事にすべきだと思うね。

　T：なかなか白熱した議論だね。議会・議員の役割はなにかという根本にかかわる問題だ。憲法が「全国民の代表」といっているのは，2人の主張するような議論を踏まえたうえでのこととは思わなかったかい？

　文言にそくして解すれば，国会議員は選挙区民のことだけではなく，全国民のことを考えて活動すべきだということになる。このような議員のあり方が民主主義の本道といえるかは，A君のいうように，議論のあるところだ。でも，「全国民の代表」というあり方が民主主義に反するとまではいえないと思うよ。

じつは,「全国民の代表」といっても,選挙区民に拘束される側面もある。まったく選挙区の意見を反映しない議員なんてつぎの選挙で落ちるよ。落ちないとしたら,反映させないことにチャンとした理由があると,選挙区民が納得したからだろう。このように,間接的な選挙区の意思の反映でいいと憲法は考えているのではないか。まあ,どちらにしても今回は債権法の改正だから亭主関白の規定が,盛り込まれることはなかったがね(笑)。

Step Up

〔関連情報〕

　①　現在は,社会・経済の大転換期にあるため,新法律の制定や大改正が頻繁に行われています。読売新聞政治部『法律はこうして生まれた』(中公新書,2003 年)は,そのうちの重要ないくつかの法律について,制定・改正の背景や事情,経過などを具体的にドキュメンタリータッチで描いています。非常に興味深い本です。

　②　国会の権能,とくに政策を立案・作成する力は,すでに国会外の政治に移ってしまったといわれています。内閣による決定や有力政党間の取引こそ,政策決定の要であり,国会の役割は,それらに正式の権威を与え,法律にする儀式の場に過ぎないというのです。国会を実質的な政策審議の場として再生させることが,今後の課題となっています。このような観点から書かれた本としては,堀江湛＝笠原英彦編著『国会改革の政治学』(PHP,1995 年)が平明で要点をおさえています。

　③　国会については,どの憲法教科書の内容もそれほど違いません。全体を見渡すには,小嶋和司＝大石眞『憲法概観〔第 7 版〕』183 頁以下(有斐閣,2011 年)が便利です。

〔**関連判例**〕

最高裁判所昭和 37 年 3 月 7 日大法廷判決・民集 16 巻 3 号 445 頁

　これは，衆議院で乱闘のすえ決まった会期延長中につくられた法律の効力を争った事件です。判決は，議院が会期の延長を有効と認める以上，議院の自主的決定（議院自律）を尊重すべきであって，裁判所はそこでつくられた法律の有効・無効につき判断を下さないというものでした。

Break ⑰ 　井戸塀政治家 ━━━━━━━━━━━━━━━━━━

　憲法 49 条は，国会議員には相当の歳費（＝給与）が支給されると規定している。たった 103 カ条しかない憲法条文のなかに，しょうもない条文があると思うだろう。だいたい，国会議員は，法律で歳費をお手盛りできるはずなのだから。なぜこんな規定があるのだろうか。

　昔イギリスなどでは，国会議員は名誉職と考えられ，報酬がなかった。これでは労働者などが議員になるのは困難至極だ。そこで出てきたのが報酬の要求で，本来，勤労者側の要求だったのである。これが他の国にも影響を与え，憲法に定められているのだ。たとえば，ドイツ基本法 48 条では，議員の独立を保障するのにふさわしい報酬を保障している。これは，金のない議員というのは誘惑に弱いことも考慮した規定（？）などと読むのは意地悪であろうか。

　日本の国会議員の報酬は，世界一ともいわれている。大体，国会議員はもらいすぎというのが，一般の見方だろう。世論の一部には，井戸塀政治家待望論（全私財を投げうって政治につくせ！）まである。しかし，金は払わないけど働いてくれなんていうのは，ムシがよすぎる。いうまでもないが，払っただけチャンと働いてくれるかどうかが問題なのだ。国民がこのことをしっかり認識して監視することが，わが国の議会政治を適正に行わせる最も強い力なのである。

━━━━━━━━━━━━━━━━━━━━━━━━━━━━━━━━

第 8 章　政　府

　政府の長（首相）は，地方および中央政府の行政を
10 年以上経験した有資格者の中から，国民投票によっ
て選ばれる。任期は 4 年。再選は可能だが最長 12 年ま
でとする。

（大前研一『平成維新』335 頁〔講談社，1989 年〕）

2012 年 12 月 26 日第二次安倍内閣発足。認証式後の記念撮影〔写真提供：EPA＝時事〕

67条
　1項　内閣総理大臣は，国会議員の中から国会の議決で，これを指名する。この指名は，他のすべての案件に先立つて，これを行ふ。
6条
　1項　天皇は，国会の指名に基いて，内閣総理大臣を任命する。

Comment

——ある中年夫婦の会話のひとこま〔A：妻，B：夫〕

政権交代

A：それにしても，第二次安倍政権も7年以上の長期政権となって，第一次内閣の期間も合わせると，戦後の最長政権となったね。そのきっかけとなった2012年の衆議院議員総選挙は，安倍さん率いる自民党の大勝利だったわね。

B：うん，自民党が4年ぶりに第1党に返り咲くことは予想されていたことだけど，あそこまで当時の民主党が惨敗するとは思わなかったよね。

A：たしかに，2011年3月11日の巨大地震とその直後に東日本を広範囲に襲った未曾有の大津波，しかもそれに伴う東京電力福島第一原発の深刻な事故が起きて，当時の菅内閣は右往左往して初動対応のあやまりが厳しく批判されたりしたし，その後を継いだ野田

内閣も思うように事後処理が進められなくて大変だったとは思うけれど，あそこまでひどい選挙結果になるとはね。

　B：そうだよな。自民党の麻生内閣が 2009 年 7 月に衆議院を解散して，8 月の総選挙で民主党が大躍進し，9 月になって新たに民主党の鳩山内閣が誕生した時は，日本にもようやく二大政党制ができるのかと思ったけど，むしろ多党乱立の状況に逆戻りするみたいだね。これではなかなか政治は安定しないんじゃないかな。

　A：でも 2012 年の総選挙では，わたしも含めて，有権者の多くは，自民党が勝って安倍さんが首相になったら，アベノミクスが功を奏して景気が回復して雇用も増え，日本が元気になるだろうって期待して投票したんだと思うわ。だって，これまでは，たいていの場合，首相ってわたしたちとはほとんど何の関係もないところで選ばれてきたように思うの。近年でいうと，小泉内閣による解散後の総選挙のあとで選ばれた安倍首相が病気で突然に辞任して第一次安倍政権が終わり（2007 年 9 月），自民党の福田さんが首相に選ばれた時もそうだったし，2009 年の民主党内閣になってからでも，せっかく多くの有権者が鳩山代表の率いる民主党に期待して投票したのに，1 年も経たないうちに菅首相に替わってしまったし，かと思ったらまた 1 年ちょっとで今度は野田首相というように，政権が短期間しかもたずに，次から次へと首相が入れ替わったでしょ。わたしたちの手の届かないところで，いつのまにか首相が替わってしまってるって感じだったもの。

　B：たしかにそういう感じがするよな。そもそも日本では，衆議院議員の総選挙後に選ばれた首相が，衆議院議員の 4 年の任期満了

に伴う総選挙までその任を全うした例は全然ないんだものね。

　A：へえ，そうなの。

　B：ほら，『目で見る憲法』という本には，これまでの首相の一覧表や衆議院の解散の一覧が載っていてとても便利なんだけど，この本によると，これまで，衆議院議員の任期満了で総選挙が行われたのは，三木内閣のとき（1976年12月総選挙）ぐらいしかないんだそうだ。それにこの三木内閣だって，その前の田中首相が任期途中で金脈問題で総辞職したために（1974年12月）政権を引き継いだだけで，総選挙の結果ではないしね。

　A：分かった！　だからかぁ。

　B：何が？

　A：この前8月15日にわたしが大学時代のクラスの同窓会に行ったときにね，同級生のひとりがこんなこと言ってたの。「だいたい，日本の首相なんか，政党間の駆け引きで，わけのわからないうちに決まってしまうんだから，NHKや新聞社から"今の首相を支持しますか？"なんてアンケートで聞かれても，本当は答えようがないんだよな。もっと，われわれ一般国民が参加できるような，ちゃんとした手続きで選ばれたのなら，話は別だけど」って。

　B：うん，気持ちとしては，その同級生の話もわからないわけじゃないよ。でもね，憲法からみたらそれは無理だよな。

　A：どうして？

　B：だって，自分たちが選んだ首相じゃないから支持できない，って言ってみたところで，今の首相選出のしくみは，現在の日本国憲法ではそういうふうにはなっていないんだから，やはり話は別だ

と思うんだ。

　A：わたしも，学生の時は多少は憲法の勉強もしたけど，教科書の内容も先生の話も，すごく難しくて，サッパリ分からなかったわ。もっとやさしい教科書を使って，わかりやすく説明してもらえたら，もう少しはマシな点がとれたのかもしれないんだけど……。

> 首相はどうして
> 選ばれる？

　B：要するにさ，日本の場合は，イギリスに似てるんだけど，アメリカなどとは違って，内閣と議会とはいろんな点で密接な関係にあるだろ。たとえば，内閣総理大臣は国会議員じゃなくちゃならないし（憲法67条1項），日本の場合は，閣僚（国務大臣）の過半数は必ず国会議員の中から選ばれなくてはならないことになっているんだ（68条1項ただし書）。それから，内閣は，総理大臣（首相）と国務大臣（閣僚）で組織されて（66条1項）行政を担当するわけだけど，その内閣は，立法を担当する国会に対して連帯して責任を負うってことになっている（66条3項）から，衆議院で内閣不信任決議が可決されたりすると，内閣総辞職するか，衆議院を解散して国民に審判を仰ぐことになるわけだ（69条）。こういう仕組みがとられている制度は，普通，「議院内閣制」といわれているんだ。つまりね，……

　A：要するに，首相を直接に選ぶのは国会議員であって，わたしたち有権者は，いわば間接的に，首相を選ぶ国会議員を選ぶことしかできないんだってことでしょ。

　B：うん，そのとおり。

A：じゃ，わたしたち有権者が首相を直接に選べるような制度を
つくればいいじゃない！　その方がずっと民主的だし，この首相は
ダメだと思ったらクビにして，わたしたちが別の首相を選挙すれば
いいのよ。国民が主権者なんだし，憲法の前文にもあるように，国
の政治はわたしたち国民が為政者に「信託」しているんだから。
"ちゃんとした政治をしないと国民にやめさせられるかもしれない"
ってことになったら，政治家も派閥争いや党利党略にうつつを抜か
してはいられなくて，もう少しは真剣に責任ある政治をやってくれ
るようになるんじゃないかしら。それに一般国民の側からしても，
もっと政治参加に関心が高まって政治に参加してるって実感が湧く
と思うわ。今のままでは，政治が何となく，密室っていうか，わた
したちの手の届かないところで行われているって感じがしない？
このところ衆議院選挙でも参議院選挙でも，――それから知事選挙
や市長選挙なんかでもそうだけど，投票率がびっくりするほど低い
のも，これと無関係じゃないような気がするの。要するに，政治が
あまり信頼できないのよ。

首相公選制って何？

　B：うん，それはそのとおりかもしれない。
実はね，以前に，1962年のことだけど，
中曾根康弘さん（当時衆議院議員）が「首相公選論」を提唱したこと
があるんだ。彼の主張は，簡単にいうとね，先程ぼくが説明したよ
うな議院内閣制を廃止して，国会と政府，議員と大臣との直接の結
びつきを切って，首相や副首相は国会議員からではなくて国民が直
接に投票で決め，今のように短命政権で政治が不安定にならないよ

うに，ちゃんと4年の任期を与え，2回は首相になれるが，三選はできないようにして政治が停滞しないようにし，また，国民は首相や副首相をリコール（罷免）できるようにしよう，というような案だったんだ。当時は，全国各地の主要道路沿いとか，汽車の窓からよくみえる所とかに，「首相は国民投票で選ぼう」と書かれた標柱が立てられたり，それどころか，ある週刊誌などは，「首相と恋人は，自分で選ぼう」というような見出しまでつけて，この運動を紹介したりしたことさえあったそうだよ。

A：ヘェー，そんなことがあったなんて，全然知らなかったわ。わたしたちの生まれる前の話だものね。それで，その議論はどうなってしまったの？　立ち消えになっちゃったわけ？

B：うん，その後2年ほどのあいだは，相当活発な議論になったんだけど，当時は学者もあまり注目しなかったようだし，むしろ批判的だったようなんだ。だって，議院内閣制をやめて，その代わりに，アメリカの大統領制みたいな制度を取り入れることになるっていうんだから，話はそう簡単にはいかないよ。

A：その「首相公選論」とかいう主張からすると，要するに，首相はアメリカの大統領みたいになるってわけ？

B：うん，厳密にいえばちょっと違うところもあるんだけど，大筋のところは似ていると思うよ。たとえば，国民が選ぶ首相・副首相の任期を4年にし，三選を禁止している点とか，内閣が衆議院を解散する権限がなくなる点とか，内閣自体が国会に議案を提出する権限を認めない点，さらに，首相は国民の中から適任者を閣僚に選ぶことができ，国会議員から選ばれた閣僚は国会議員の職を辞めな

くてはならない（兼職禁止）という点――こうした点では，両者に
それほど大きな違いはないと思うよ。ただ，アメリカの場合には，
直接に国民投票で大統領を選ぶわけではないし（**Break**⑱参照），大
統領や閣僚が議会にいつでも出てきて，法律案の審議に加わるなん
ていうことはないなど，いくつかの点で違うところもあるから，い
ちがいに両者を同じというわけにはいかないけどね。

A：それで，どうしてそういう「首相公選制」というのを日本に
導入しちゃいけないっていうの。国民に直結した首相って，実にい
いじゃない？　現に，知事とか市長とかだったら，今だって住民が
直接に選挙しているんだから（憲法93条2項），首相だって，国民
が直接に選ぶ制度が悪いとは思えないけど……。

___

憲法改正が前提

B：うん，それはそのとおりかもしれない
けど，この話は現在の憲法を改正すること
を前提とした上でのことだからね。

A：アッ，そうか。憲法を改正しなきゃ無理なんだ！？

B：そりゃそうだろ。だって，内閣総理大臣は国会議員の中から
国会の議決で指名された人を天皇が任命するということが，はっき
り憲法に書いてあるんだから（67条1項・6条1項）。

A：そうなると確かに難しいわね。それに，首相を国民の直接選
挙で選ぶということになれば，国民投票をどうやってやるのかにつ
いても決めておかなくてはならないでしょうしね。

B：そのとおり。憲法改正のための国民投票（96条）については，
ようやく2007（平成19）年に「日本国憲法の改正手続に関する法

律」（憲法改正手続法）というのが制定されたけど，首相を公選する
ということになると，また別の話だからね。

　A：うーん。なかなか実現しそうにないわね。

　B：それに，首相公選制といったって，必ずしもいい点ばかりで
はないと思うよ。はたして日本の政治にとって，アメリカの大統領
制に近い制度が，本当にいい制度として根づくようなものなのか，
疑問だとする声もあるんだ。でも逆に，停滞した政治への不満はと
ても大きく，政治への不信も強まって，世論調査などでも，首相公
選制に賛成する声が大きくなったこともあって，1991 年あたりか
ら再び首相公選論がいろんな方面の学者によって主張されるように
なり，1993 年には，自民党内に「首相公選制を考える国会議員の
会」というのが作られて，数回の勉強会をしたりもしたし，小泉内
閣になってからは，2001（平成13）年 6 月に，10 人ほどの有識者を
集めた「首相公選制を考える懇談会」が作られ，その検討の結果が
報告書として出されたりしたこともあるんだ〔関連情報③参照〕。

　A：じゃあ，今後また，そういう方向で憲法改正すべきだという
ような議論も出てくるのかしら。

　B：それはどうなるか分からないけど，首相を公選したら，はた
して本当に首相にふさわしい人物が首相に選ばれて政治がよくなる
のかどうかは，分からないよ。どこかの知事選挙みたいに，人気投
票同然のものになってしまう恐れもないわけじゃないしね。首相公
選制の推進論者は，議院内閣制だと今のように派閥政治が温存され，
政権交代の可能性が少なく，政権が長続きせずに不安定になる，と
言っていたわけだけど，はたして，そういった欠陥は議院内閣制だ

からなのか，首相公選制にしたら解決される保証はあるのか，ということになると，必ずしもそういうわけじゃないと思うんだ。数年前には，現行制度のもとでも実際に政権交代が起こったわけだから，むしろ，議院内閣制を十分うまく機能させて，そのメリットを生かすようにすれば，今の制度もそれ自体そんなに悪い制度じゃないように思うけどね。たしかに，自民党に派閥が実質上復活しているという状況は問題だろうけど，今の憲法の制度が悪の根源みたいにいうのはどうかな。

A：さっきあなたが言ってたように，総選挙でM党が勝利したらM党の代表が首相になるんだということを，みんながあらかじめ認識して選挙に臨めるということになれば，実質的には首相公選とよく似た結果になるよね。たしかイギリスやドイツなんかはそうよね。

B：うん，そうだよね。でも，そのためには，総選挙の前に各党の党首なり首相候補者の選出が行われていないといけないことになりそうだけど，日本のように，こう頻繁に，しかも急に，政権が崩壊したり解散があったりする国では，なかなかそういう運用は難しいんじゃないかな。

A：ほんとにそうね。

 Step Up

〔関連情報〕

①　小林昭三『首相公選論入門〔改訂版〕』（成文堂，2001 年）は，

1970 年に初版の出た書物に修正を施したもの。

　②　中曾根氏の主張とかそれに対する賛否両論については，吉村正編
『首相公選論──その主張と批判』（弘文堂，1962 年）という本に収め
られています。

　③　大石眞ほか編『首相公選を考える』（中公新書，2002 年）は，小
泉首相の私的懇談会「首相公選制を考える懇談会」の報告書とこれに関
わる議論を収録するとともに，首相公選論の関連文献も充実しています。

　④　本文でも触れられている『目で見る憲法〔第 5 版〕』（初宿正典ほ
か編著，有斐閣，2018 年）には，戦後の歴代総理大臣や衆議院解散な
どの一覧表のほか，総理大臣の指名・任命プロセスについてのフローチ
ャートなど，多くの資料が収められています。

　⑤　以上のほか，百地章「首相公選論について」比較憲法学研究 6 号
103 頁以下（比較憲法学会，1994 年）の論文が，従来の議論をほどよく
まとめています。

Break ⑱　アメリカの大統領

　アメリカ合衆国の大統領は，副大統領とともに，いわゆる間接選挙で
選ばれる仕組みになっている。すなわち，各州民の一般投票によって，
その州から選挙される上下両院の議員の総数と同数の選挙人が選出され，
それらの大統領選挙人団が投票して大統領を選出するのである。民主
党・共和党の二大政党制が確立してからは，選挙人は政党別に指名され
る結果，各州民が行う一般投票は，事実上，どちらの政党が決定した大
統領候補を支持するかの決断になる。そして各州での選挙で 1 票でも多
く得票した政党が，その州の選挙人全部を独占する仕組みとなっている。
大統領の任期は 4 年であり，再選はできるが，三選はできない。大統領
や各省の長官など，内閣の構成メンバーは，連邦議会の議員と兼職でき
ない。大統領は，年頭教書などを議会で発表するとき以外は議会に顔を
出すことはほとんどなく，副大統領が上院議長になることになっている

ほかは，議会と執行府（内閣）との人的結びつきはほとんどないといってよい。

　こうした統治のしくみを「大統領制」（presidential system）と呼ぶのがならわしであるが，ドイツやイタリアのように「議院内閣制」（parliamental system of government）をとっている国々の中にも，首相のほかに「大統領」が置かれている国が相当数ある。ロシアや韓国などの場合も同様である。しかしこうした国々では，国の元首である点では共通しているが，大統領の選びかたもその地位や権限・任期もさまざまであり，アメリカの大統領とはかなり違っている。たとえばフランスの共和国大統領は，ドイツやイタリアなどの場合とも異なり，国民の直接選挙で選ばれ，任期は5年で非常に強い執行権限を持っている（再任も禁止されていない）ことから，「半大統領制」（semi-presidential system）と呼ばれたりもする。連邦議会議員等によって間接選挙で選ばれるドイツの連邦大統領は，国際法上連邦を代表し外国と条約を締結するなどの権限をもってはいるものの，政治の実権は連邦議会で選出される連邦首相が有しており，連邦大統領はどちらかといえば日本の天皇に近い地位といえよう。

裁判員制度10周年記念ポスター（提供：最高裁判所）

裁判はだれのために

> 76条
> 1項　すべて司法権は，最高裁判所及び法律の定めるところ
> 　　　により設置する下級裁判所に属する。

Comment

黒衣の天使？

裁判所ってどんなイメージですか？　市役所とどっちが行きやすいですか？　次のうちから，なるべく行きたくないと思う場所上位3つにマルをつけてください。

　1. 警察署　2. 消防署　3. 税務署　4. 裁判所　5. 大学の教務部　6. 市役所　7. 質屋　8. 競艇場　9. 自動車教習所　10. 病院

　この本の読者の多くは大学生でしょうから，3. はあまり関係がないでしょうが，1. と10. につづいて4. の「裁判所」をあげる人が多いのではないでしょうか。それとも，案外5. が上位にくるのかもしれません。ともあれ，市役所よりは裁判所のほうが敬遠されそうですね。

　それでは，裁判所を「行きたくない場所」の上位にあげた人にう

かがいます。あなたはどうして裁判所に行くのがそんなにオックウなのですか。

　たいてい鉄のスライド式の広い門があって，守衛さんがいて，門から建物までけっこう距離があって。それに出入りする人は刑事事件の被告人のお友達や検事さん，それに民事事件でも「裁判ざた」になるのはヤヤコシイ人が多そうだから，ですか。

　たしかに裁判所は市役所ほど身近ではありません。裁判所の敷居の高さは，ややこしい病気――法的紛争という名の――を扱う大学病院のようなものだからなのです。市役所がいわば健康人の通常の衣食住の欲求を満たすためのサービスを提供しているのに対して，裁判所は，市民の権利行使が当事者（その一方が役所のこともあります）だけではうまくいかないときに，間にはいって法律の解釈と適用によって紛争の解決方法をしめす（裁判判決）とともに，裁判に負けた当事者がそのような判決に従わないときには強制的に従わせる（強制執行）という治療行為を行っているのです。

　つまり，裁判官の黒服は，医者の白衣と同じような，メスをもつことを許されたプロフェッションの象徴ということになります。

裁判を受ける権利

　このように，裁判所とは紛争解決のための機関であり，しかも紛争を法的に解決する機関です。法律を解釈し適用して解決できる紛争なら，原則として何でも「診てくれる」はずです。ただ，まともな治療（「本案審理」といいます）を受けるためには，診察時間に行き初診受付で用紙に記入してからひたすら待つのにも似て，訴訟法と呼ばれる一群の法

律で決められた要件を満たしている必要があります。

　もっとも，国民には憲法で保障された「裁判を受ける権利」（32条）がありますから，裁判所は国民に極力人権その他の法的権利を実質的に保障するように努めなければなりません。また，裁判が不公平で恣意的なものにならないようにするためには，裁判の公開（82条）がとても大事です。病院の診察室や手術室を無関係の第三者が見学することはできませんが，裁判では刑事事件であろうと民事事件であろうと，一般国民に傍聴の権利が認められています（有名事件の場合，傍聴するために長い行列ができます）。当事者のプライバシーを守るためには，裁判も病院と同じように密室でした方がいいのでしょうが，憲法ではむしろ裁判を公開することによって内容の公正さを確保すべきだという考え方がとられているのです。

　また，憲法は76条3項で，裁判官の独立（司法権の独立）も定めています。つまり，裁判所では，裁判所組織（司法権）全体が国会や内閣による干渉から独立していなければならないと同時に，個々の裁判官がそれぞれ独立して法律と自己の職業的良心のみによって裁判を行うという意味で独立していなければならない，ということなのです。裁判の公開という制度は，上司の命令を聞く必要のない裁判官が，当事者だけでなく国民一般に説得力をもつような裁判を行うことを保障するためのものだと位置づけることもできるでしょう。

司法改革がやってきた

ところで，90年代から始まった行政改革・政治改革といった改革の嵐が，ついに

裁判制度にまで及んできて，今世紀のはじめに「司法改革」が断行されました。万事動きのにぶい司法にとっては黒船到来といったところです。といっても，その際のキャッチフレーズは「司法への国民参加」「司法の質の向上」といったものでした。世界の動きがますます速くなっているのに，相変わらず時間や費用がかかりすぎ，そのわりに社会の紛争解決に与えるインパクトが弱いことに，さすがに経済界などからも強い批判が浴びせられるようになりました。グローバル化の流れのなかで経済活動は国境を越えることが当たり前になっています。そこで司法の質の向上によって司法の国際競争力を高めるために，先端技術や医療などについてのスペシャリストを「専門委員」として裁判所のなかに抱え込み，裁判所がこういった難しいテーマを扱う裁判で相談できる体制が導入されています（2004年民事訴訟法改正）。さらに特許や著作権などの知的財産関係の紛争を専門に扱う「知財高裁」と呼ばれる部門が東京高裁のなかに設けられました（2005年春からスタート）。

> **ロースクールへ行こう**

日本版ロースクールと呼ばれる「法科大学院」は，これまで年間の司法試験合格者を1000人前後に抑えてきた方針を一転させ，特別の大学院で学んだ学生を対象に「新司法試験」を行い，やがては3000人の合格者を毎年産み出して，日本の法曹人口を先進諸国なみに増やしていこうという一大国家プロジェクトとして2004年春スタートしました。2019年現在では，合格者も1500人ほどにまで減少し，そもそもロースクール人気も凋落したなどと言われているのですが。この制度

も日本の国際競争力向上が当初のねらいだったようですが，法曹人口が増えることによって，弁護士過疎地と呼ばれる地域が解消されるとか，泣き寝入りせずに気軽に裁判を起こすことができるようになるなどの副産物が非常に重要だと思われます。弁護士同士の競争が激しくなれば，いままでは表面化しなかった弱者の被害を掘り起こして裁判に持ち込んだり，街の示談屋さん・取り立て屋さん（弁護士法違反であり暴力団の資金源ともなっていますが）の手から裁判制度に事件を取り戻すことも可能になるでしょう。こうしてわが国でも「法の支配」と呼べるような社会が次第に実現してゆくことが期待されています。

　ともあれ，みなさんの世代にとって法曹になることは，一つの魅力ある（べき）職業選択といったところでしょう。全国の法科大学院（ロースクール）は，法学未修者には3年コースを，法学部出身者などの法学既修者には2年コースを用意して，みなさんのチャレンジを待っています。教員も学生もこれまでの法学部教育よりは努力と工夫をこらして熱気ある授業風景が繰り広げられているようですから，関心があれば各法科大学院のホームページなどをチェックされるといいでしょう。ただし，合格率の低迷や，弁護士の「就職難」といった厳しい現実もお忘れなく。

あなたも裁判員

　ところで，最近,「裁判員」制度もすっかり定着しました。これも「司法改革」の産物の一つです。「司法への国民参加」という，いわば司法の民主化のための目玉商品ですね。2004年に裁判員法というのが成立して，

2009 年 5 月から施行されています。この制度は，あらかじめ抽選で裁判員候補者リストに載せられた成人した国民から，地方裁判所にかかっている刑事事件のうち殺人，身代金誘拐などの重大事件ごとに 6 人を担当裁判長が選んで，裁判員として活躍してもらうというものです（高裁や最高裁には裁判員制は導入されません）。似たような制度にアメリカの陪審制があります（なお，わが国でも戦前に陪審制が導入されたことがありますが，被告人が陪審制度を利用するかしないかを選ぶ仕組みだったこともあってほとんど活用されませんでした）が，陪審員と裁判員はちょっと違うんですね。

　アメリカでは裁判官 1 人に陪審員が 12 人（『12 人の怒れる男』というヘンリー・フォンダ主演の陪審ものの映画がありましたね）で，陪審員は有罪か無罪か（guilty or not guilty）の評決をするだけです。死刑・終身刑といった量刑は裁判官が決めます。これに対して，日本の裁判員は通常は 6 人で刑事裁判のプロの裁判官 3 人とともに，彼らの仕事の主要な部分の大半をこなしてゆくのです。つまり事実認定，法の適用，量刑といった刑事司法のプロセス全体に素人集団の裁判員も加わることになっています（この点ではドイツなどの「参審制」にむしろ似ているといわれています）。しかも，9 人で行う評議（判決の内容を決めるための話し合い）は多数決で決めます。裁判官が最低 1 人は含まれる必要がありますが，残りの裁判官 2 人が反対していても全体の 5 人以上（つまり裁判官 1 人と裁判員 4 人）が賛成すれば有罪・無罪，有罪なら量刑について決められます。裁判官だけでいえば少数意見（1 人）が多数意見（2 人）に勝ってしまうこともありうるわけです。

このように陪審と比較すると裁判員のほうが素人の権限が大きく，その分だけ「開かれた裁判所」といえる度合いが進んでいるようにも見えます。ですが，プロと同じ土俵で議論してどこまで素人が自分に素直に考えて意見をいえるのか，現実味にはちょっと疑問もあります。それに裁判員が入る事件は，最高刑に死刑や無期懲役刑が用意されているような，殺人や強盗殺人などの重大犯罪だけです。窃盗事件などはこれまでどおりプロの裁判官だけによる裁判が行われます。

裁判員もつらいね　裁判員が扱う重大事件のなかにはワイドショーなどでさかんに報道される著名事件もありますから，裁判員となる市民は「あいつだけは許せない」といった予断と偏見をもってしまっている場合も少なくないでしょう。重大事件の被告人でも「公平な裁判を受ける権利」（憲法37条1項）をもっていますから，裁判員がそうした偏見なしに判断してくれないと困ります。でも，ふだんからそうした精神的トレーニングを受けていない素人には，急に「テレビで見たことは忘れてください」といわれても難しいかもしれません。死刑判決に賛成したものの，後でトラウマになって夜眠れないなんてことだってあり得ます。こうした問題にどう対処するのか，各地の地裁で試行錯誤が続いているようです。

　なお，せっかくのチャンスなのに，国民の間からは「あたったらイヤダ」とか「仕事どうしてくれるの!?」とかの不平不満が聞こえてきます。被告人の関係者から路上でおどしまがいの「声かけ」を

されるなんて，めったにないことでしょうが，たまりませんね。裁判員法では学生さんや70歳以上の高齢者などのほか，「重大な疾病又は傷害」や「社会生活上の重要な用務」のある人その他政令（内閣が作成する法律のような体裁の命令）で定めるやむを得ない理由がある場合（妊娠中もしくは産後2カ月以内の女性，要介護の親族や同居人がいる者，妻または娘の出産の付き添いをする夫や親，および選任手続の日に出頭することで自分ないし第三者に「身体上，精神上又は経済上の重大な不利益が生ずる」者などが政令で列挙されています）については，辞退することも認めています。もちろん学生さんなどでやってみたい人は指名されたらそのまま引き受ければいいのです。この最後の理由は濫用されると，「仕事があるから行けないよ」といって多くの人が辞退しかねません。それでは結局国民の平均からはずれた暇があって物好きな人だけが裁判員になってしまって，国民が司法参加したことにはならないのですね。国民も，自分たちの手で「開かれた裁判所」を作るのだという覚悟が必要です。

　それでは，「私には人を裁くことなんて出来ない」とか「死刑制度に反対なんだけど多数決で死刑判決になったら心が痛むよ」と悩んでいる人はどうすればいいでしょうか。法律にはこうした人に辞退を認める規定はありません。ですが，政令では上記のように「精神上の重大な不利益」が生じる場合には辞退を認めていますから，宗教や固い信念で拒む人は多分これに該当するはずです。

　裁判員制度の導入に際しては，さきほど述べた「公平な裁判を受ける権利」以外にも，いくつか憲法上の問題点が指摘されてきました。素人の意見がプロの裁判官を拘束するのは「裁判官の独立」

（憲法76条3項）の侵害ではないのか，国民の「裁判を受ける権利」はプロの裁判官による裁判を意味するのではないかといった問題です。難しい問題で，法律はこれらの問題を棚上げにして発車してしまったようなところがありますが，憲法は「裁判」や「裁判官」にアマチュアが含まれてはいけないとまではいっていないのではないかと考えられます。

〔関連情報〕

①　猪野享＝立松彰＝新穂正俊著，ASK の会監修『マスコミが伝えない裁判員制度の真相』（花伝社，2015 年）

裁判員制度のネガティヴな面が報告されています。

②　西野喜一『さらば，裁判員制度──司法の混乱がもたらした悲劇』（ミネルヴァ書房，2015 年）

元裁判官による厳しい批判の書です。

③　福井厚編著『死刑と向きあう裁判員のために』（現代人文社，2011 年）

裁判員が死刑判決に関与することの重さを死刑それ自体の問題とあわせて考えさせられる本です。

④　村松良之＝木下麻奈子＝太田勝造編著『日本人から見た裁判員制度』（勁草書房，2015 年）

裁判員制度導入以降，日本人の法意識は変わったのかなどを実証的に分析した研究書。

その他，最高裁，日弁連，法務省のサイトでも裁判員制度の説明に力が入っています。

〔関連判例〕

寺西判事補戒告事件＝最高裁判所平成 10 年 12 月 1 日大法廷決定・民集 52 巻 9 号 1761 頁

裁判員制度については，本文でも述べたように，司法権の独立ないし裁判官の独立（76 条 3 項）の観点から違憲だとする見解も一部に残っていますので，裁判官の独立についての主要判例としてこれを挙げておきます。

Break ⑲　裁判員制度で変わる司法　━━━━━━━━━━━

本文でも述べたように，原則として裁判官 3 人裁判員 6 人の合計 9 人が合議して事実認定や法律の適用，有罪無罪の判断，量刑の決定まで行うという，国民の本格的な司法参加の制度が裁判員制度である（被告人が争っていない場合に簡略バージョンとして裁判官 1 裁判員 4 という場合もある）。裁判所の本音は素人さんに邪魔されたくない，というものだったはずだが，裁判員制度を作る以上は裁判官よりも少ない人数では素人参加の意義がうすれるから，裁判官より 1 人多い裁判員 4 人というのが当初の案であった。ところが，野党や日弁連の側は陪審制に近づけるべきだという考えであったので，結局のところ法律のように 3 対 6 に落ち着いたわけである。相手が 6 人の素人だと，裁判官も良くも悪くも自分たちのペースで審理をすすめるわけにもいかなくなる。少なくとも，裁判官は裁判員に事実関係や法律の構成要件へのあてはめ，量刑の妥当性などのすべてについてわかりやすく説明しなければならなくなるだろう。加えて，裁判の迅速化という重要な副産物もある。裁判員を長期間拘束するわけにはいかないので，裁判員が加わる事件では，あらかじめ「公判前整理手続」という場が設けられ争点が整理されるので，実際に裁判員が動員されるのは数日間だけで済んでいる。

なお，裁判員に課される義務として「守秘義務」があり，うかつにマスコミに内情をもらしたりして違反すると 6 月以下の懲役もしくは 50

万円以下の罰金で処罰される。判決後に裁判員の皆さんはしばしば記者会見に応じ，裁判にかかわったことの一般的感想を述べたりしておられるが，うっかり審理の模様を口にしそうになるケースがあるようだ（そのような場合，同席している地裁職員からストップがかかる）。

Mini Window ⑥

裁判所の種類・数

　現在の日本には，最高裁判所以外に，高等裁判所，地方裁判所，家庭裁判所および簡易裁判所があり，最高裁判所以外の裁判所は「下級裁判所」と呼ばれます（裁判所法2条）。最高裁判所は東京にあり，高等裁判所は全国に8カ所（東京，大阪，名古屋，広島，福岡，仙台，札幌，高松），地方裁判所・家庭裁判所は各都府県に1つずっと北海道に4つ（合計50カ所），そして簡易裁判所は全国に438あります。さらに，それぞれの管轄区域内にこれらの下級裁判所の支部が置かれているところもあります。

　いちばん普通の裁判は，地方裁判所（第1審）→高等裁判所（控訴審）→最高裁判所（上告審）と進みますので，《三審制》と呼ばれています。

　また，「家庭裁判所」は離婚や相続などのような家庭に関する紛争や，少年の犯罪などを扱う第1審裁判所，また「簡易裁判所」は少額のお金をめぐる紛争や軽微な犯罪を扱う第1審裁判所です。

　「こんどの憲法でひじょうにかわったことを，一つ申しておきます。それは，裁判所は，國会でつくった法律が，憲法に合っているかどうかをしらべることができるようになったことです。もし法律が，憲法にきめてあることとちがっていると考えたときは，その法律にしたがわないことができるのです。だから裁判所は，たいへんおもい役目をすることになりました」。

（『あたらしい憲法のはなし』〔文部省，1947 年〕より）

最高裁判所大法廷（写真提供：最高裁判所）

> 81条
> 　　最高裁判所は，一切の法律，命令，規則又は処分が憲法に
> 　適合するかしないかを決定する権限を有する終審裁判所であ
> 　る。

Comment

裁判所の診療科目

　　前章で述べたように，裁判所は法的な紛争処理機関ですから，事件を持ち込まれても受け付けなくていい場合があります。耶馬台国は九州にあったのかそれとも近畿か，ハルマゲドンは 20○×年○月×日にくるのかどうか，夫が妻を愛しているかどうか……。いずれも当事者には重大問題でしょうが，具体的な権利ないし法律関係に関する紛争とはいえませんし，かりにこういった，法律に関係のない紛争がこじれて金銭トラブルなどの法的な紛争にまで発展している場合であっても（金のトラブルは通常は裁判所のお得意の法的紛争なのですが），裁判所が法律の解釈適用で最終的に解決できる種類の紛争とはいえません。こういうのを「法律上の争訟性」がない，なんていいます。

　　ある宗教団体がむかしの聖者直製のご本尊を安置するためと称して信者からお布施をつのり，立派な本堂を建てたのですが，脱会した元信者から肝心のご本尊が由緒のないニセモノだとの理由で寄付

金返還請求訴訟が起こされたという事件で，最高裁判所は，カネを返せという法的な紛争の形式をとっていても教義の解釈という宗教的な争いが密接不可分に結びついている場合には，法令の解釈によって紛争を終局的に解決することは不可能であり，「法律上の争訟」にあたらないという理由で，門前払いにしました〔判例①〕。精神科の医者は，恋の病でも診てくれるでしょう。ただし，ノイローゼだとかそううつ病だとかの診断とともに，薬やカウンセリングをほどこしてくれるだけです。あなたが失恋したのはどっちに原因があったのか，なんていうグチは，治療のためならがまんして聞いてくれるかもしれませんが，人の恋心を裁くのは診療科目外でしょう。裁判所も同じことです。

憲法の番人

裁判所は日常的な紛争を法的に解決する機関だと，くりかえし述べてきました。ところで憲法も法律の一種なのですが，ふつうの法律よりも憲法の方が規範としてのランクが上だということ（つまり国内の法体系のトップ——憲法自身も「最高法規」だと自慢しているのですが〔98条1項〕）になっています。その結果として，憲法違反の法律その他の国家行為は無効だということになるのです（同じく98条1項）。

　そこで裁判所が，ある事件を解決するためにある法律を適用しようとする際に，その法律が憲法違反（憲法の内容に違反していること。「違憲」ともいいます）であると判断したとすれば，違憲な法律は無効ですから適用することなどできない，ということになります。このような権限（つまり違憲の法令を適用しないという権限）は，法律の

解釈適用によって紛争を解決する裁判所に当然に認められる権限だともいえそうですが、実際にはその歴史は浅く、日本では戦後にようやく憲法で認められたのです。「一切の法律、命令、規則又は処分が憲法に適合するかしないかを決定する権限」（法令審査権、違憲審査権、司法審査権などいろいろ言い方があります）が裁判所にあるとした81条は、裁判所が単に国会のつくった法律を適用するだけの機関ではなく、その合憲性を審査することもできるのだということを憲法にはっきりと定めた画期的な条文です。

　この司法審査制度によれば、裁判所は適用しようとしている法律が憲法に適合しているかどうかを調べ、違憲であればその法律を事件解決のために使ってはいけないことになります。たとえば、わいせつ文書頒布罪（刑法175条）で写真家のA氏が起訴されたという刑事事件を想定してみると、A氏の写真は刑法の「わいせつ」の概念にはピタリとあてはまるけれども、そもそもわいせつ文書頒布罪が表現の自由（憲法21条）を侵害し違憲なのであれば、刑法175条は違憲無効ですから、その刑事事件で有効な法律として適用するわけにはいかず、結局、A氏はめでたく無罪放免となるわけです。

　こうして、裁判所は日常的な紛争を処理しながら、その過程で必要があれば法律その他の国家行為が合憲か違憲かをチェックし、そうすることで法律の合憲性を確保する役割、いいかえると憲法を法律などによる侵犯から守る役割を果たしているのです（なお、こういう司法審査のあり方を、事件解決に伴って司法審査がなされることから「付随審査制」といいます）。裁判所（家庭裁判所、地方裁判所や高等裁判所を含みますが、最高裁判所がもっとも重要であることはいうまでもあり

ません）は，憲法自身が自分を守るために用意した「番人」だといえるのです。

事件を待つ裁判所 日本国憲法がピラミッドに眠るエジプトの王だとすれば，それを守るために用意されたスフィンクスともいえるのが「憲法の番人」である裁判所です。しかし裁判所にも，いろいろな限界があります。彼は決してスーパーマンのようなボディガードではないのです。

まず，さきほど述べたように，付随審査制というのが建前ですから，目の前に具体的事件（「法律上の争訟」）がないことには裁判所としてもどうしようもありません。戦後の早い時期に，最高裁判所が憲法裁判所として抽象的審査権を行使できる（**Break**⑳参照。つまり具体的な事件がなくても法律の合憲性の判断をする権限がある）という見解を前提として，有名な訴訟が提起されました。それは「警察予備隊違憲訴訟」と呼ばれるもので，当時の野党党首がいきなり最高裁に対して，「警察予備隊が憲法第9条に違反し違憲であることの確認を求める」という趣旨の訴えを起こしたのです（「警察予備隊」についてはTheme 15参照）。原告の言い分によれば，最高裁は地裁・高裁など通常の裁判所の最上級裁判所として，一般の事件を最終的に判断するだけの存在ではないのです。むしろ最高裁には，ある法律が憲法に違反しているという訴えに対して判断を示すという「憲法裁判所」の役割もあるというわけです。

こうした一人二役を期待された最高裁ですが，にべもなくその期待を裏切ってしまいました。最高裁にいわせると，「我が裁判所は

具体的な争訟事件が提起されないのに将来を予想して憲法及びその他の法律命令等の解釈に対し存在する疑義論争に関し抽象的な判断を下すごとき権限を行い得るものではない」〔判例②〕のだそうです。現代語訳すると、「この国の裁判所は、権利を侵害されたりして困った人が助けを求めて裁判を起こしているわけでもないのに、正しい憲法解釈を一般論としてやってみせるような権限は残念ながら持ち合わせておりません」ということですね。単に目の前に憲法9条に違反する（かもしれない）警察予備隊とか自衛隊とかが存在している、というだけでは、「そうだとしてもオタクの権利がそれでどうかしたんですか？」という突っ込みが入る仕掛けになっているのです。つまり、本人の権利や法律上の利益が侵された（つまり具体的事件としての性格が存在している）わけでもないのに、「あそこの自衛隊に憲法違反だと言ってやってちょうだい」という訴えを起こしても、裁判所は相手にしてくれないということです。

　たしかに、現実に事件が起きているからこそ裁判所が勇気を出して違憲判決だって書けるのでしょうし、また違憲判決にもそれなりに説得力がついてきます。そもそも裁判所は選挙で選ばれたわけでもない専門的機関にすぎませんから、事件もないのに気楽に国会が作った法律に対して違憲無効判決を下すようだと、下手をすると「裁判官政治」になってしまいます。したがって、抽象的審査権を否定して事件性の要件を死守した前述の警察予備隊違憲訴訟最高裁判決は、それなりに地に足のついた判決だったというべきでしょう。

事件（法律上の争訟）が裁判に持ち込まれ
てくれば，裁判所は事実をしらべ，法律の
解釈をしてそのまま判決を書いてしまうか，
それともそこで使おうとしている法律が憲法違反かそうでないかを
チェック（司法審査）することになります。法律の解釈のテクニッ
ク一つで妥当な結論が得られれば，あえて司法審査権を振りかざす
必要もありません（むしろむやみに司法審査権を行使すべきでないとい
う考えもあります＝「憲法判断回避の原則」）。ところが，事件性があっ
て付随審査制を守っている場合であっても，それでもやはり司法審
査してはいけない，といわれる場合があるのです。

　それは，「統治行為」とか「政治問題」とか呼ばれる種類の国家
作用の合憲性が問題とされている場合で，こうした「直接国家統治
の基本に関する高度に政治性のある国家行為」については，裁判所
は事件解決のために必要であっても司法審査権を行使すべきでない
とか，そもそもそうした問題については司法審査権が及ばない，と
かいわれます。

　実際に問題になった代表例は，日米安保条約に対する司法審査の
ケースと，衆議院の解散に対する司法審査のケースの二つです。前
者で最高裁判所は，司法審査の余地を完全には否定しませんでした
〔判例③〕。そこでは最高裁は，「一見極めて明白に違憲無効である」
と認められる場合（実際そうした場合はほとんど考えられませんが）に
は，裁判所は違憲判決を出しますよ，といっているのです。これに
対して後者のケースでは，最高裁は文字通りの統治行為論をとって
います〔判例④〕。国民にボールが投げられたわけです。

Step Up

〔関連情報〕

① 永田秀樹＝松井幸夫『基礎から学ぶ憲法訴訟〔第 2 版〕』（法律文化社, 2015 年）

裁判所に司法審査をしてもらうためにどういう流れ・論点を押さえておくべきかをわかりやすく説明しています。

② 山本龍彦＝清水唯一朗＝出口雄一編著『憲法判例からみる日本』（日本評論社, 2016 年）

最高裁の著名憲法判例の憲法学と社会学など別のアングルとの組み合わせで日本社会史上の出来事として分析した本。

③ 棟居快行ほか『基本的人権の事件簿——憲法の世界へ〔第 6 版〕』（有斐閣, 2019 年）

裁判所は人権救済をどのようにしてきたか（してこなかったか）を, 事件と判決の分析を通じてていねいに解説しています。

〔関連判例〕

① 板まんだら事件＝最高裁判所昭和 56 年 4 月 7 日第 3 小法廷判決・民集 35 巻 3 号 443 頁

② 警察予備隊事件＝最高裁判所昭和 27 年 10 月 8 日大法廷判決・民集 6 巻 9 号 783 頁

③ 砂川事件＝最高裁判所昭和 34 年 12 月 16 日大法廷判決・刑集 13 巻 13 号 3225 頁

④ 苫米地事件＝最高裁判所昭和 35 年 6 月 8 日大法廷判決・民集 14 巻 7 号 1206 頁

Break ⑳ 付随審査制と抽象的審査制

司法審査制について日本国憲法が採用しているのは, アメリカ型の付随審査制であるといわれる。これに対してドイツ型の抽象的審査制というものがある。これは, 通常の裁判所とは別に憲法裁判所（1 回の判決

で終了する一審制である）を設けておき，そこが法律などの合憲性の審査を一手に引き受けて行う仕組みである。通常の裁判所とは別組織をつくるのだから，司法権というものの本質――つまり事件・法律上の争訟の法律の解釈適用による解決――というものに縛られる必要はない。そこで，当事者間の権利・法律関係についての紛争ではなく，単に政治的な立場の相違による憲法解釈の対立であっても，白黒をはっきりさせるために憲法裁判所に訴え出ることが認められている。ただしその場合には，野党や州政府など，特定の存在だけが原告になれる。

　もっともドイツでも実際には，個人が法的紛争をめぐって通常の裁判所に訴えを起こしたが満足な結果が得られなかった場合に，その判決自体が自分の人権を侵害しているなどとして憲法裁判所に訴え出るという「憲法異議訴訟」が，数のうえでは圧倒的に多い。つまり通常の裁判のリターンマッチ的な使われ方をしているというわけである。

　なお，英米法・憲法学者から最高裁判所判事となり，有名な補足意見・少数意見を多数残して退官した伊藤正己氏は，その実務経験から憲法裁判所の必要を説いている（『裁判官と学者の間』136頁〔有斐閣，1993年〕）。

　最高裁判所をはじめとする裁判所の「司法消極主義」（これは裁判所全体が最高裁を頂点とする官僚組織という一面を有している以上避けられないだろう）から脱却するためには，付随審査制そのものを断念する（改憲して憲法裁判所をつくる）ほかないのであろうか。

220

（新藤宗幸＝貝原浩『FOR BEGINERS 地方自治』131 頁〔現代書館，1987 年〕）

地 方 自 治

> 92条
> 　地方公共団体の組織及び運営に関する事項は，地方自治の本旨に基いて，法律でこれを定める。
> 93条
> 　1項　地方公共団体には，法律の定めるところにより，その議事機関として議会を設置する。
> 　2項　地方公共団体の長，その議会の議員及び法律の定めるその他の吏員は，その地方公共団体の住民が，直接これを選挙する。

Comment

住民投票で決着をつ
けよう！

　　　　　　　　　原子力発電所を設置するか否かとか，湖を埋めたてて工場・住宅用地を造成するか否かなどのように，住民の生活や利害に密接に関係する問題について，住民を二分するような争いが生じることがあります。賛成派の住民は，そのような事業を行うことによって経済が活性化し，村の過疎化にストップがかかると主張します。反対派の住民は，住民の生命・健康が脅かされ，自然が破壊されると主張し，両派は互いに譲ろうとはしません。そんな場合に，住民投票を行って多数決によって決着をつけようではないかとの提案がなされることがあります。このような提案は，一見すれば，もっともなようにみえます（地方「自治」というのは，住民自らが治めることをいうのだから，住民が投票で直接決定することは，地方自治の最高の形態である，というわけです）。しかし，住民投票賛成との結論を出す前に，考えるべきことがあります。あなたの住んでいる市や町や村の

政治をみてください。そこでの政治は，長（知事，市町村長）や地方議会議員によって行われています。彼らのような代表者による政治と住民投票とは，どのような関係にあるのでしょうか。住民投票を地方の政治の仕組みの中に位置づけたうえで，住民投票による決着という手法が適切なのか，また憲法上可能なのかを考えていくことが必要となります。

間接民主制と直接民主制

わたしたちが政治に参加していく方法として，間接民主制と直接民主制とがあります。間接民主制というのは，国民が選挙で代表者（たとえば，国会議員）を選び，実際の政治上の決定をその代表者に委ねる制度のことをいいます。直接民主制とは，国民が代表者を媒介とすることなく，直接に政治上の決定を行う制度のことをいいます。直接民主制の例としては，古代ギリシアの都市国家が有名ですが，国家が巨大化し政治が複雑化した現代においては，国政は，原則として，間接民主制によって行われています。

地方政治と直接民主制

地方の政治も，原則として，間接民主制によって行われています。すなわち，地方住民は，長，地方議会議員を，選挙によって選びます（憲法93条2項）。そして，実際の政治上の決定は，住民が直接かかわることなく，長，地方議会議員によって行われています。

　しかし，地方の政治の場合には，国（中央）の政治の場合とはちがって，直接民主制の具体化として，地方自治法で直接請求という

ものが定められ，間接民主制を補完しています。

| 直接請求 | 住民による直接請求として，地方自治法は，条例（国会が法律を制定できるのと同じように，

地方議会もその地方版として条例を制定できます）の制定改廃請求権（74条）や長の解職請求（リコール）権（81条）などを規定しています。条例の制定改廃は，有権者の50分の1以上の署名を集めれば請求することができます。ですから，たとえば，あなたが空きカンポイ捨て防止条例をつくってほしければ，50分の1の署名を集めればいいのです。人口の少ない自治体の場合なら比較的少ない労力で署名を集めることが可能です。一度やってみませんか（もっとも，そのような条例を制定するか否かの決定権は，地方議会にあります）。また，解職は，有権者の3分の1以上（有権者が40万人を超える場合は，緩和されます）の署名を集めれば請求することができます（もっとも，さらに，住民投票にかけることが必要で，そこで過半数の賛成があってはじめて，解職が成立します）。このような直接請求の制度は，国レベルでは存在しません。しかし，地方公共団体の場合には，区域が比較的狭く事務処理の対象が限られているために，住民の政治参加が比較的容易なこともあって，直接民主制的な要素が導入されています。地方自治法上の直接請求は，住民の意思を直接長や議会に知らしめ，長や議会が住民の意思から乖離した行政を行うことを防止するためのものであり，代表民主制を補完する役割をもっています。

　このような地方の政治の仕組みを念頭において，次に，住民投票の問題を考えてみましょう。

住民投票で決着をつけようとの提案に対しては、住民投票はかえって有害であるとの批判が返ってくることがあります。すなわち、住民は政治意識も低く専門的知識もないので、一時的興奮・雰囲気や目先の個人的利害に左右されて感情的決定になりやすい、議会や行政の責任回避であって、代表民主制への信頼を失わしめその崩壊につながりかねない、討論の過程がなく結果のみが絶対視されてしまうなどの批判がそれにあたります。

**住民投票を有益な
ものにするために**

たしかに、反対論者がいうように、住民投票を行った結果として、悪しき効果が発生するかもしれません。しかし、それは住民投票制度そのものに内在する欠陥ではなく、運用を工夫することによって克服しうるのではないでしょうか。たとえば、適切な学習や討論の場が確保されれば、また、正確な情報が自治体から公開されれば、住民は感情や利害に流されず、理性的に適切な決定をなしえます。また、住民は政治の「プロ」ではないので、何でもかんでも住民投票で決着をつけようとすれば、住民は疲れ、関心も薄れてきます。住民投票制度はあくまで間接民主制の補完物であることを認識し、ごく限定的にいわば住民側の最後の「切り札」として用いることが必要となります。

　住民投票制度は、住民に地方政治への参加の機会を与え、住民の自治意識を高めるとともに、間接民主制の欠陥——住民の意思からの乖離——を是正するという意義をもっています。ですから、弊害

が予想されるからといって，住民投票制度を全面的に否定してしまうことは，妥当ではありません。

代替物があるのでは？

わざわざ住民投票をしなくても，長や議員の選挙の際に住民の声を反映できるし，解職請求や条例制定請求を通じて住民の声を反映できるので，それらの代替物で十分ではないか，との考え方があります。しかし，住民投票の場合には，争点は1つ，たとえば，原子力発電所設置の可否だけですが，選挙や解職請求の場合には，争点は複数となり，候補者などの行政能力や人柄も投票の際の判断材料となりえます。また，選挙での公約は実現されるとはかぎらないし，解職請求の効果は解職までです。条例の制定請求の場合には，いくら多くの署名を集めても，そのような条例を制定するか否かは，議会の判断に委ねられます。ですから，住民投票と同一の機能を果たす制度は存在しないといえます。

住民投票条例ができた

上に述べたような地方自治法が定める直接請求には，特定の政策上の争点についての決着をつけるための住民投票は含まれていません。住民投票を行うためには，新たに法律か条例で，住民投票を定めることが必要となります。現在では，実際に，そのような条例が多数つくられています。たとえば，1982年につくられた高知県の窪川町原子力発電所設置についての町民投票に関する条例は，電気事業者から原子力発電所設置の申入れがあったとき，設置の賛否についての町民投票を

226

行い，町長はその意思を尊重して回答するとしています。また，1987年につくられた鳥取県の米子市中海淡水化賛否についての市民投票に関する条例は，市が中海淡水化の賛否の決断をするときに，賛否についての市民投票を行い，市長はその意思を尊重して決断するとしています。さらに，2001年には愛知県高浜市で，有権者の3分の1以上の署名が集まれば，いちいち条例を制定しなくても住民投票をなしうる「常設型」住民投票条例が成立しています。これらの条例は，住民投票で最終決定するのではなく，住民の意思を尊重しつつも最終的決定権限は市町村長にあるとしている点を，特色としています。これは，間接民主制との調和を図ろうとしたものといえます。

<hr>

特別区設置法もできた

さらに，2012年に，大都市地域特別区設置法ができ，2015年に同法に基づき，「大阪市解体」の是非を問う住民投票が行われました（*Break* ㉑参照）。この住民投票は，法律に基づいている，住民投票の結果に法的拘束力があるとの点で，今まで論じてきた条例に基づく諮問型の住民投票とは，性格を異にしています。

<hr>

**住民投票は憲法上
可能か**

最後に残された問題は，どのような住民投票制度ならば，憲法上許されるか，という点です。この点については，学説は分かれていますが，憲法が，間接民主制を統治構造の基本とし直接民主制をその補完と位置づけていること，「地方公共団体の組織及び運営

に関する事項は……法律でこれを定める」(92条),「地方公共団体は……法律の範囲内で条例を制定することができる」(94条)と規定していること,を考慮して,個別的に考えていくことが必要となります。条例に基づく住民投票は,法律に基づいてはいないが,特定の事項についてのものであり,しかも,法的拘束力がなく(住民投票の結果に従わなかった名護市長が市民から訴えられたが,裁判所は市長を支持した),長や議会の権限を不当に侵害するものではないので,憲法上許されるでしょう。特別区設置法に基づく住民投票は,法的拘束力を有しているが,法律に基づき,特定の事項についてのみ賛否を問うものであり,しかも,長,議会,住民という三者の意思が合致した場合にのみ変更が生じるとしており,長や議会の権限を不当に侵害するとまではいえないので,憲法上許されるでしょう。

Step Up

〔関連情報〕

① 今井一『住民投票』(岩波書店,2000年)

新潟県巻町(現新潟市西蒲区),沖縄県名護市,兵庫県神戸市,徳島市など,各地で展開された様々な住民投票運動の実際の姿を,現地取材を重ねたジャーナリストの立場から,具体的に報告しています。

② 森田朗=村上順編『住民投票が拓く自治』(公人社,2003年)

住民投票は日本だけでなく世界各国で行われています。本書は,ドイツ,スイス,スウェーデン,アメリカ,フランスの住民投票制度を紹介したのち,日本での住民投票をめぐる法律問題を論じています。末尾には,住民投票条例一覧表などの資料がついています。

③ NHK スペシャル取材班『縮小ニッポンの衝撃』(講談社,2017

年)

地方自治の基礎単位である地方公共団体は，今後急激に進む人口減少，高齢化，財政難にみまわれることになります。これらにいち早く直面している北海道・夕張市，島根県・雲南市，益田市などでの深刻な現実が伝えられています。

④　宇賀克也『地方自治法概説〔第8版〕』（有斐閣，2019年）

憲法92条の「地方自治の本旨」に基づいて，地方公共団体の区分，地方公共団体の組織・運営に関する事項，国と地方公共団体との関係などを規定しているのが，地方自治法です。この法律について概説しているのが本書です。

〔実施状況〕

1996年8月4日に，新潟県巻町（現新潟市西蒲区）で，原子力発電所設置の賛否を問う住民投票が，初めて実施され，88%の高い投票率のもとで，反対票が61%を占めました。さらに，同年9月8日に，沖縄県で，米軍基地の整備・縮小を問う住民投票が実施され（住民投票をボイコットしようとの動きが一部にあったことも影響して），投票率は60%にとどまったものの，賛成票が89%にものぼりました。また，1997年6月22日に，岐阜県御嵩町で，産廃処分場建設の賛否を問う住民投票が実施され，88%の投票率のもとで，反対票が80%にものぼりました。その後も，2010年11月14日に長野県佐久市（文化会館建設に反対），2013年12月15日に埼玉県北本市（JR新駅設置に反対），2015年2月22日に沖縄県与那国島（自衛隊配備に賛成），2018年11月18日に兵庫県篠山市（市名変更に賛成），2019年2月24日に沖縄県（米軍飛行場のための埋立てに反対）などにおいて，次々と住民投票が実施されています（その中には，与那国島のように，中学生以上，永住外国人にも投票権を付与しているところもあります）。そして多くの場合，長や議会は住民投票の結果に従っています。

〔関連判例〕

東京都特別区長公選制廃止事件＝最高裁判所昭和38年3月27日大法

延判決・刑集 17 巻 2 号 121 頁

　あなたの住所表示をみてください。○○県○○市とか，○○県○○郡○○村となっていますね。ところが，東京都の 23 区に住んでいる人だけは，東京都杉並区とか文京区となっており，○○市とか○○村という部分が抜けています。東京都の 23 区のことを特別区といいますが，市町村に該当するのが特別区なのでしょうか。その点が争われたのがこの事件です。最高裁判所は，市町村長の場合は憲法 93 条 2 項の要請として必ず選挙で選ばれねばならないが，特別区は市町村とは異なるので，特別区の区長を住民による選挙で選ぶか否かは立法部が自由に決定できると判示しました（なお，現在，区長は選挙で選ばれています）。

Break ㉑　大阪市がなくなる？

　大阪市を解体して 5 つの特別区に再編し，広域行政に関わる部分を「大阪都」（提唱している維新の会は「大阪都」と呼んでいるが，仮に住民投票で賛成となっても法令上の名称は「大阪府」のままである）に，地域行政に関わる部分を特別区に移譲するという「大阪都」構想が，大都市地域特別区設置法に基づき，2015 年 5 月 17 日に，大阪市民による住民投票にかけられた。結果は，約 70 万 6000 票対 69 万 5000 票という僅差で反対が賛成を上回り，「大阪都」構想は，立ち消えになったかと思われた。

　ところが，2015 年 11 月と 2019 年 4 月の大阪府知事・大阪市長のダブル選で，維新の会の候補がともに勝利し，2020 年秋に，住民投票が再度行われる見通しとなった。住民投票はどのような結果になるのであろうか。

　なお，どのような自治体でも市を解体して特別区を設置できるのかといえば，そうではない。「人口 200 万以上」（隣接市町村の人口を加えうる）との要件が課せられており（大都市地域特別区設置法 2 条），横浜市，名古屋市といったごく少数の自治体に限られる。

自由民主党 『日本国憲法改正草案』 (2012 年 4 月 27 日決定)

（国防軍）

第九条の二 我が国の平和と独立並びに国及び国民の安全
を確保するため，内閣総理大臣を最高指揮官とする国防
軍を保持する。

2 国防軍は，前項の規定による任務を遂行する際は，法
律の定めるところにより，国会の承認その他の統制に服
する。

3 国防軍は，第一項に規定する任務を遂行するための活
動のほか，法律の定めるところにより，国際社会の平和
と安全を確保するために国際的に協調して行われる活動
及び公の秩序を維持し，又は国民の生命若しくは自由を
守るための活動を行うことができる。

4 前二項に定めるもののほか，国防軍の組織，統制及び
機密の保持に関する事項は，法律で定める。

5 国防軍に属する軍人その他の公務員がその職務の実施
に伴う罪又は国防軍の機密に関する罪を犯した場合の裁判
を行うため，法律の定めるところにより，国防軍に審判所
を置く。この場合においては，被告人が裁判所へ上訴する
権利は，保障されなければならない。

（環境保全の責務）

第二十五条の二 国は，国民と協力して，国民が良好な環
境を享受することができるようにその保全に努めなけれ
ばならない。

憲法の変身

改憲の可能性

96 条
1 項　この憲法の改正は，各議院の総議員の 3 分の 2 以上の賛成で，国会が，これを発議し，国民に提案してその承認を経なければならない。この承認には，特別の国民投票又は国会の定める選挙の際行はれる投票において，その過半数の賛成を必要とする。
2 項　憲法改正について前項の承認を経たときは，天皇は，国民の名で，この憲法と一体を成すものとして，直ちにこれを公布する。

Comment

金婚式を過ぎて

　ちかごろ熟年離婚がはやりです。職場の定年とともに，夫婦にも定年がやってくるというわけでしょうか。退職金を折半してハイさようなら，自由という名の孤独が友だちという，すばらしい老後が待っている……。すると銀婚式（25 年目）にはたどり着いても，金婚式（50 年目）は非常にきびしいということになります。寿命は伸びているのですが，人間（とくに男性は）丈夫で長持ちというだけではダメなんですね。

　さて，これから紹介する歴史上のカップルは，戦後間もない 1946 年 11 月 3 日に盛大な結婚式を挙げ，すこし遅れて翌 47 年 5 月 3 日から夫婦として暮らしはじめました。ですからもうとうに金婚式も過ぎました。ふたりの間には，自由でのびのびした子どもが大勢生まれ，彼や彼女たちは不景気や社会の変化の激しさに閉口しながらも，なんとか元気にやっています。夫婦仲も，けっこううまくいってきたようにみえるのですが，実は夫には結婚して 10 年も

たたない時に浮気をしてできた大きな息子がいますし，なんと1960年からはアメリカ人女性と親密な関係を続けているのです。それでも妻は見て見ぬふりをして夫や子どもたちの世話をしてきました。

　こんなふうにいうと，その奥さんは古風で封建的な家庭に育ったように思えますが，実は彼女は進駐軍のアメリカ人家庭に育てられた経歴をもっています。それで今までも，2人を別れさせようとたくらむ夫の悪い知り合いたちが，「嫁さんはやっぱり純日本女性がいいよ」なんてチョッカイをよく出してきました。もういい年の夫にその気がないのを知っていた妻は別に気にしませんでしたが，ちかごろお節介な夫の知り合いがやってきて，「今の奥さんをお払い箱にして自分の妹を後妻にしろ」と談判しはじめたので，さすがに呑気な妻も気が気ではありません。

　以上のはなしはもちろんたとえ話です。夫＝日本国民，妻＝日本国憲法，1946年11月3日＝日本国憲法公布，1947年5月3日＝日本国憲法施行，大きな息子＝自衛隊，アメリカ人女性＝日米安保条約，進駐軍のアメリカ人家庭＝GHQの憲法起草スタッフ，夫の知り合い＝自由民主党，知り合いの妹＝自由民主党・日本国憲法改正草案（2012年4月27日）という具合です。

　さて，この熟年カップルは，どうなってしまったのでしょうか。

憲法のメイク・アップ／
エステ／美容整形

しつこくたとえ話をつづけますと，夫の浮気に泣かされてきた妻は，これまでも若さと魅力を保つために努力してきました。

「目的論的解釈」という名のメイク・アップで89条（「公の支配」に属さない教育には，国は公金を支出してはならないと定めています）をごまかして私学助成を合憲だといったり，「新しい人権」という名のエステで13条の幸福追求権をシェイプ・アップして，プライバシー権や環境権などが（憲法には明記されていないけれども）そこから読み取れるといってきたのです（これは学者のレベルの話で，一般論として裁判所がそういっているわけではありませんが）。また，2015年9月には，9条の伝統的な解釈を政府自身が変更したうえで国会に提出した一連の「平和安全法制」が成立しています。

　実年齢よりはるかに若くみえ，「不滅の美女」などと周囲の人から言われながらも，天性の美貌もさすがにやや衰えを隠せなくなったのを知っている妻は，夫の好みに合わせるために，ついに最後の決断をするかもしれません。そう，全身美容整形です。96条1項は，各議院の総議員の3分の2の発案で憲法改正案を国民に示し，国民投票などで過半数の賛成を得られれば憲法改正をすることができるといっています。そして，2016年7月の参議院選挙で，ついに衆参とも「改憲勢力」が3分の2を超えました。思いつめた妻は，夫がながめていた自由民主党・日本国憲法改正草案の着物姿の写真を手に，○○美容クリニックを訪ねました。

　妻：先生，夫好みのこの写真の日本美人の方と同じにしてください。

　医師：奥さん，それは大手術ですが技術的には不可能ではありません。でも本当にご主人は，あなたよりこの女性が好みなんですか？　わたしには，あなたの方がはるかに魅力的にみえますけどね。

若ければいいってもんじゃないですから。

　妻：でもこの方は私とちがって純和風の容姿をしていらっしゃいますから。わたしのような「平和を愛する諸国民の公正と信義に信頼して，われらの安全と生存を保持しようと決意した」（前文）だとか，戦力の放棄・交戦権の否認（9条2項）だとかいっている人相はお人好しの顔とかいって，しょせん自立していない甘えた顔なんだそうです。この人みたいに「国防軍」を明記して，「国際社会の平和と安全を確保するために国際的に協調して行われる活動……を行うことができる。」とかの，きりっとしたお顔が近ごろはよろしいのでしょう？

　医師：そうかなぁ。この手の顔は人のモメ事には首を突っ込んでお節介をやくけど，実際には自分のビジネスのためだったりするでしょ。本当にみんながこの人に期待しているのは，セコい金もうけや環境破壊はやめてほしいということなのにね。それに自分の家庭では夫や子どもに優しくなかったりして。

　と，まあ医師はこんな女性に張り合うことはないですよといい続けたのですが，最後にこんなことをいいました。

整形できる部分と
できない部分

　医師：奥さん。実は大事なことをいい忘れていました。たしかにウチの最新の技術を使えば，あなたがこの女性に変身することは可能です。でも手術はあなたの命にかかわるかもしれないですし，この女性の DNA をあなたの DNA に埋め込んでしまうなんていう裏技を使うことになるでしょう（ここだけの話ですが）。そうなると，

手術は成功しても，もうあなたの人格も元どおりのあなたのままとはいえませんよ。

　妻：それはどういうことでございましょう？

　医師：つまり，美容外科の医師としてではなく１人の人間の良心からいわせてもらえば，こんな似ても似つかない他人に変身するなんていうのは，あなたの整形手術とはいえないのです。そんな手術を受ければ，あなたは肉体的にはともかく，人格としては確実に一度死んでしまって，えたいの知れない別人になってしまうのですよ。あなた様や『日本国憲法改正草案』の作者が使えると思っている「憲法改正」という変身の手続は，今の日本国憲法というあなたの人格が，名前だけ同じで魂はまるで違う別人になりかわるという，一種の自殺行為にまで使えるのですかね？　憲法「改正」なら美容クリニックとしてお引き受けしますが，内容的に見て文字どおりの「新憲法」の制定は人間としての私の気持ちだけでなく，医師の倫理からも難しいなー。お人好しの顔でも平和主義があなたそのものだし，それをやめたら，あなたはあなたじゃない，そこらにいるタダの「普通の国」の「普通の憲法」なんです。

　妻：主人はときどき「『普通の国』になりたい」，なんて寝言でぶつぶついっているんです。

　医師：ご主人には，あなたみたいな奥さんはもったいないのかもしれませんね。

> そして数年がすぎ……

　妻：先生，お久しゅうございます。

　医師：これは奥さん，相変わらずおきれい

236

ですね。

　妻：いえいえ，もう身も心もぼろぼろですわ。前回お伺いしたと
きに写真をお見せした例の和風美人の方以外にも，主人の机の引出
しの奥の方には，別の女性新聞記者の方のお写真（『読売新聞社憲法
改正試案 2004 年版』）や，なんと私のことを国会でお調べになった
『憲法調査会報告書』も入っておりました。ずっと私に遠慮してい
た主人も，長いデフレ不況で自信喪失したからでしょうか，最近で
は平気で「この新聞記者の女性は明るくて未来を感じさせてくれる
から，実はファンだった」なんて言ってます。環境権とかプライバ
シー権とかだけでなくて，「適正な情報の流通を享受する権利」（同
案 23 条 3 項）とかもちゃんとお書きになっていて，私のように苦し
紛れに「幸福追求権」（13 条）をドラえもんのポケットみたいに使
っているのとはわけが違うんですよ。「憲法裁判所」なんてどうがん
ばっても今の私からは出てきませんしね。近頃もういろんな方が
いろいろおっしゃっていて，誰も私のことなんか憶えておられない
みたいなんですの。

　医師：そんなことはないと思うけど……。でも，以前国会であな
たのことを取り上げる調査会とかいうのを作って，あなたのシワや
シミを見つけるあら探しをしたんでしたね。あなたのような知的な
大人の女性をそんな風に言うなんて，本当にお気の毒だ。あそこは
世界中の美女の写真も集めて，この人の目が素敵だとか，この娘の
くちびるは素晴らしいとか，熱心にやったんでしょ？

　妻：先生。私もいい加減に疲れてしまいました。たしかに時代の
変化があまりにも急ですからねえ。主人も近頃は私のことを空気か

なんかくらいにしか思っていないみたいで，以前も，9条から見て変だなという法律がどんどん出来て自衛隊の方とかがイラクのような危険なところに行ってこられても，「日本もこれで一人前だな」なんて言っておりましたし。ここだけの話ということにしていただきたいんですが，私から離婚を言い出そうかとも思っているくらいなんです。もう十分私の役割ははたしたという満足感はありますから，あとはあの人が勝手に自分の将来を決めればいいだけで。

　医師：うーん。まあ不滅の美女なんているわけないですから，誰だって年をとるし寿命もきますけどね。今日まで若い人と同じように頑張ってきたんだから，もう少し頑張って欲しいような気もするけど……。まあ僕としては，あなた以外の人が将来ご主人のお嫁さんになることがあるとしても，その人にはぜひあなたの純粋な心——その平和主義の精神——を受け継いでもらいたいものですね。それと，ご主人に一言ご忠告しておきたいんですが。

　妻：何でしょう？

　医師：いろんな案があるようですが，改正の手続のところで「国民投票」のための発議を衆参それぞれの議員の2分の1でできるという案があるでしょう（参照，自由民主党・日本国憲法改正草案100条1項）。あれは良くないと思いますよ。だってそうでしょう。ご主人はあなたに飽きてしまって，ご主人の意志で若い女性と再婚したいんでしょ？　ところがこの案だと，その時々の国会議員の先生たちのお好みでどんどんとご主人の将来のお嫁さんが交代することになりかねませんよ。とてもこの国の一番大事な「最高法規」が受ける仕打ちじゃないですね。お宅のご主人はあなたに甘やかされて，と

んでもない夢想家になってしまわれているんじゃないですか？

　妻：そうかもしれません。私が悪かったのかも。ご忠告は伝えます。でももう私のことはご心配なく。私もひいきにしてくださってきた憲法学者とかファンの方たちには，私より本当にすばらしいご自分たちの理想をちゃんと憲法の形にしてくださいな，というお手紙を差し上げようと思っています。先生にも差し上げますから，前向きにお考えくださいませ。

　医師：まだまだあなたの時代は続きそうな気もするけどな。でも，忘れえぬ美女のエッセンスをきっとあなたの後継者には伝えることにしますよ。約束です。

Step Up

〔関連情報〕

　①　自由民主党『日本国憲法改正草案 Q&A 増補版』
https://jimin.ncss.nifty.com/pdf/pamphlet/kenpou_qa.pdf に草案の内容と，詳しい解説がのっています。

　②　駒村圭吾＝待鳥聡史編著『「憲法改正」の比較政治学』（弘文堂，2016 年）

　政治学者と憲法学者がそれぞれ主要諸国の「憲法改正」を客観的，観察的に分析したユニークな本。

　③　樋口陽一『いま「憲法改正」をどう考えるか──「戦後日本」を「保守」することの意味』（岩波書店，2013 年）

　これまでの憲法論議をふりかえりながら立憲主義の意義を再確認し，近時の改憲論を厳しく批判しています。

　④　『衆議院憲法調査会報告書』（衆議院憲法調査会，2005 年）

http://www.shugiin.go.jp/internet/itdb_kenpou.nsf/html/kenpou/
houkoku.pdf/$File/houkoku.pdf で 700 頁を超える全文を読むことが出
来ます。

⑤　奥平康弘ほか編『改憲の何が問題か』（岩波書店，2013 年）

Break ㉒　憲法制定と憲法改正

　アメリカ合衆国憲法（1788 年成立）は，すでに 200 年以上の長寿を
誇っているが，この間「権利章典」（人権条項）を含む 27 の修正条項を
追加してきた。ドイツのボン基本法（1949 年成立）は，すでに 60 回以
上に及ぶ改正を経験し，そのなかにはドイツ統一や EU 統合に関係する
ものも含まれる。フランスはフランス革命後 15 回以上もの改正を経験
してきた。戦後も第四共和制憲法（1946 年成立）ののち，強大な大統
領の権限を特徴とするドゴール憲法と呼ばれる第五共和制憲法（1958
年成立）が生まれ，2008 年の大規模な改正を経て今日に至っている。

　このように，法典化された憲法が時代を超えて無修正のままで生き延
びるのはなかなかないことである。日本でも大日本帝国憲法（明治憲
法）は「不磨の大典」を自称したが，敗戦とともにその効力はまったく
消滅した（現憲法が明治憲法の「改正」手続を用いたのは，国民のショ
ックを和らげるための政治的なねらいによるもので，実際には明治憲法
は敗戦とともに実効性を失っていた）。

　しかし，小規模改正ならともかく，本質を変えてしまうような大規模
な改正はもはや改正ではなく，体制の抜本的変革をもたらす（あるいは
それを明示する）のであるから，新たな憲法制定というべきである（こ
の意味で「改正」〔という言葉づかい〕には限界がある）。

　大規模な改正の後でも，主権者が国民であり続ける保障はどこにもな
いが，原則として主権者が憲法をどのように書こうとも，それは主権者
の勝手というほかはない（つまり，新憲法の制定には限界はない）。し
かしながら，新憲法の制定に匹敵する大規模修正を，「改正」という現

行憲法のノーマルな代替りのような呼び方で表現するのは，事態の重大さを覆い隠すことにもなりかねないので，憲法制定と憲法改正との概念上の区別はやはり重要なのである。

　なお，戦後の荒波を乗り越えて，いよいよ「不磨の大典」になりかけていた日本国憲法にも，ここにきて黄信号がともりだした。1999 年 7月，国会法の改正などにより衆参両院にそれぞれ「憲法調査会」が設けられ（実施は 2000 年の通常国会から）海外憲法事情の調査など，精力的に活動した。

　2007 年 5 月の「国民投票法」（2010 年施行）を置きみやげに 2007 年8 月，同調査会は廃止され「憲法審査会」へとヴァージョンアップされ，2011 年 10 月にようやく開催された。また，2012 年 4 月に自民党が独自に日本国憲法改正草案（**Material** ならびに次頁の「前文」参照）を発表したが，そこでは，環境権は権利ではなく，政策目標にとどめ，憲法裁判所は見送られ，9 条 1 項は「永久にこれを放棄する。」の表現が修正され，2 項を全面的に書き換え，9 条の 2 を設けてそこに「国防軍」の保持を明記し国際協調のための海外派遣を認めるなどしている。2012年末に自民党が民主党から政権を取り戻して以降，とりわけ日本国憲法96 条 1 項の定める憲法改正発議要件を「3 分の 2」から「過半数」に緩和する「96 条改正」をめぐって，激しい議論が行われた。さらに，「集団的自衛権」の可否をめぐる大論争をひき起こしながら 2015 年 9 月に「平和安全法制」が成立した。

　2017 年 5 月には，安倍首相が 9 条はそのままに，9 条の 2 などの形で自衛隊を明文で書き込むという私案を公表し，改憲をめぐる議論も激しさを増してきた。

参考　自民党『日本国憲法改正草案』前文 ▭◦▭◦▭◦▭◦▭◦▭◦▭◦▭◦▭

（前文）

　日本国は，長い歴史と固有の文化を持ち，国民統合の象徴である天皇を戴く国家であって，国民主権の下，立法，行政及び司法の三権分立に基づいて統治される。

　我が国は，先の大戦による荒廃や幾多の大災害を乗り越えて発展し，今や国際社会において重要な地位を占めており，平和主義の下，諸外国との友好関係を増進し，世界の平和と繁栄に貢献する。

　日本国民は，国と郷土を誇りと気概を持って自ら守り，基本的人権を尊重するとともに，和を尊び，家族や社会全体が互いに助け合って国家を形成する。

　我々は，自由と規律を重んじ，美しい国土と自然環境を守りつつ，教育や科学技術を振興し，活力ある経済活動を通じて国を成長させる。

　日本国民は，良き伝統と我々の国家を末永く子孫に継承するため，ここに，この憲法を制定する。

▭◦▭◦▭◦▭◦▭◦▭◦▭◦▭◦▭◦▭◦▭◦▭◦▭◦▭◦▭◦▭◦▭◦▭

Index

日本国憲法（1946 年 11 月 3 日公布）

　日本国民は，正当に選挙された国会における代表者を通じて行動し，われらとわれらの子孫のために，諸国民との協和による成果と，わが国全土にわたつて自由のもたらす恵沢を確保し，政府の行為によつて再び戦争の惨禍が起ることのないやうにすることを決意し，ここに主権が国民に存することを宣言し，この憲法を確定する。そもそも国政は，国民の厳粛な信託によるものであつて，その権威は国民に由来し，その権力は国民の代表者がこれを行使し，その福利は国民がこれを享受する。これは人類普遍の原理であり，この憲法は，かかる原理に基くものである。われらは，これに反する一切の憲法，法令及び詔勅を排除する。

　日本国民は，恒久の平和を念願し，人間相互の関係を支配する崇高な理想を深く自覚するのであつて，平和を愛する諸国民の公正と信義に信頼して，われらの安全と生存を保持しようと決意した。われらは，平和を維持し，専制と隷従，圧迫と偏狭を地上から永遠に除去しようと努めてゐる国際社会において，名誉ある地位を占めたいと思ふ。われらは，全世界の国民が，ひとしく恐怖と欠乏から免かれ，平和のうちに生存する権利を有することを確認する。

　われらは，いづれの国家も，自国のことのみに専念して他国を無視してはならないのであつて，政治道徳の法則は，普遍的なものであり，この法則に従ふことは，自国の主権を維持し，他国と対等関係に立たうとする各国の責務であると信ずる。

　日本国民は，国家の名誉にかけ，全力をあげてこの崇高な理想と目的を達成することを誓ふ。

第 1 章　天　　皇

第 1 条【天皇の地位・国民主権】天皇は，日本国の象徴であり日本国民統合の象徴であつて，この地位は，主権の存する日本国民の総意に基く。

第 2 条【皇位の継承】皇位は，世襲のものであつて，国会の議決した皇室典範の定めるところにより，これを継承する。

第 3 条【天皇の国事行為に対する内閣の助言と承認】天皇の国事に関するすべての行為には，内閣の助言と承認を必要とし，内閣が，その責任を負ふ。

第 4 条【天皇の権能の限界，天皇の国事行為の委任】①　天皇は，この憲法の定める国事に関する行為のみを行ひ，国政に関する権能を有しない。

②　天皇は，法律の定めるところにより，その国事に関する行為を委任することができる。

第 5 条【摂政】皇室典範の定めるところにより摂政を置くときは，摂政は，天皇の名

でその国事に関する行為を行ふ。この場合には，前条第1項の規定を準用する。

第6条【天皇の任命権】① 天皇は，国会の指名に基いて，内閣総理大臣を任命する。

② 天皇は，内閣の指名に基いて，最高裁判所の長たる裁判官を任命する。

第7条【天皇の国事行為】天皇は，内閣の助言と承認により，国民のために，左の国事に関する行為を行ふ。

一 憲法改正，法律，政令及び条約を公布すること。

二 国会を召集すること。

三 衆議院を解散すること。

四 国会議員の総選挙の施行を公示すること。

五 国務大臣及び法律の定めるその他の官吏の任免並びに全権委任状及び大使及び公使の信任状を認証すること。

六 大赦，特赦，減刑，刑の執行の免除及び復権を認証すること。

七 栄典を授与すること。

八 批准書及び法律の定めるその他の外交文書を認証すること。

九 外国の大使及び公使を接受すること。

十 儀式を行ふこと。

第8条【皇室の財産授受】皇室に財産を譲り渡し，又は皇室が，財産を譲り受け，若しくは賜与することは，国会の議決に基かなければならない。

第2章　戦争の放棄

第9条【戦争の放棄，戦力及び交戦権の否認】① 日本国民は，正義と秩序を基調とする国際平和を誠実に希求し，国権の発動たる戦争と，武力による威嚇又は武力の行使は，国際紛争を解決する手段としては，永久にこれを放棄する。

② 前項の目的を達するため，陸海空軍その他の戦力は，これを保持しない。国の交戦権は，これを認めない。

第3章　国民の権利及び義務

第10条【国民の要件】日本国民たる要件は，法律でこれを定める。

第11条【基本的人権の享有】国民は，すべての基本的人権の享有を妨げられない。この憲法が国民に保障する基本的人権は，侵すことのできない永久の権利として，現在及び将来の国民に与へられる。

第12条【自由・権利の保持の責任とその濫用の禁止】この憲法が国民に保障する自由及び権利は，国民の不断の努力によって，これを保持しなければならない。又，国民は，これを濫用してはならないのであって，常に公共の福祉のためにこれを利用する責任を負ふ。

第13条【個人の尊重・幸福追求権・公共の福祉】すべて国民は，個人として尊重される。生命，自由及び幸福追求に対する国民の権利については，公共の福祉に反しない限り，立法その他の国政の上で，最大の尊重を必要とする。

第14条【法の下の平等，貴族の禁止，栄典】① すべて国民は，法の下に平等であつて，人種，信条，性別，社会的身分又は門地により，政治的，経済的又は社会的関係において，差別されない。

② 華族その他の貴族の制度は，これを認めない。

③ 栄誉，勲章その他の栄典の授与は，いかなる特権も伴はない。栄典の授与は，現にこれを有し，又は将来これを受ける者の一代に限り，その効力を有する。

第15条【公務員選定罷免権，公務員の本質，普通選挙の保障，秘密投票の保障】① 公務員を選定し，及びこれを罷免することは，国民固有の権利である。

② すべて公務員は，全体の奉仕者であつて，一部の奉仕者ではない。

③ 公務員の選挙については，成年者による普通選挙を保障する。

④ すべて選挙における投票の秘密は，これを侵してはならない。選挙人は，その選択に関し公的にも私的にも責任を問はれない。

第16条【請願権】何人も，損害の救済，公務員の罷免，法律，命令又は規則の制定，廃止又は改正その他の事項に関し，平穏に請願する権利を有し，何人も，かかる請願をしたためにいかなる差別待遇も受けない。

第17条【国及び公共団体の賠償責任】何人も，公務員の不法行為により，損害を受けたときは，法律の定めるところにより，国又は公共団体に，その賠償を求めることができる。

第18条【奴隷的拘束及び苦役からの自由】何人も，いかなる奴隷的拘束も受けない。又，犯罪に因る処罰の場合を除いては，その意に反する苦役に服させられない。

第19条【思想及び良心の自由】思想及び良心の自由は，これを侵してはならない。

第20条【信教の自由】① 信教の自由は，何人に対してもこれを保障する。いかなる宗教団体も，国から特権を受け，又は政治上の権力を行使してはならない。

② 何人も，宗教上の行為，祝典，儀式又は行事に参加することを強制されない。

③ 国及びその機関は，宗教教育その他いかなる宗教的活動もしてはならない。

第21条【集会・結社・表現の自由，通信の秘密】① 集会，結社及び言論，出版その他一切の表現の自由は，これを保障する。

② 検閲は，これをしてはならない。通信の秘密は，これを侵してはならない。

第22条【居住・移転及び職業選択の自由，外国移住及び国籍離脱の自由】① 何人も，公共の福祉に反しない限り，居住，移転及び職業選択の自由を有する。

② 何人も，外国に移住し，又は国籍を離脱する自由を侵されない。

第23条【学問の自由】学問の自由は，これを保障する。

第24条【家族生活における個人の尊厳と両性の平等】① 婚姻は，両性の合意のみに基いて成立し，夫婦が同等の権利を有することを基本として，相互の協力により，維持されなければならない。

② 配偶者の選択，財産権，相続，住居の選定，離婚並びに婚姻及び家族に関するその他の事項に関しては，法律は，個人の尊厳と両性の本質的平等に立脚して，制定されなければならない。

第25条【生存権，国の社会的使命】① すべて国民は，健康で文化的な最低限度の生活を営む権利を有する。

② 国は，すべての生活部面について，社会福祉，社会保障及び公衆衛生の向上及び増進に努めなければならない。

第26条【教育を受ける権利，教育の義務】① すべて国民は，法律の定めるところにより，その能力に応じて，ひとしく教育を受ける権利を有する。

② すべて国民は，法律の定めるところにより，その保護する子女に普通教育を受けさせる義務を負ふ。義務教育は，これを無償とする。

第27条【勤労の権利及び義務，勤労条件の基準，児童酷使の禁止】① すべて国民は，勤労の権利を有し，義務を負ふ。

② 賃金，就業時間，休息その他の勤労条件に関する基準は，法律でこれを定める。

③ 児童は，これを酷使してはならない。

第28条【勤労者の団結権】勤労者の団結する権利及び団体交渉その他の団体行動をする権利は，これを保障する。

第29条【財産権】① 財産権は，これを侵してはならない。

② 財産権の内容は，公共の福祉に適合するやうに，法律でこれを定める。

③ 私有財産は，正当な補償の下に，これを公共のために用ひることができる。

第30条【納税の義務】国民は，法律の定めるところにより，納税の義務を負ふ。

第31条【法定の手続の保障】何人も，法律の定める手続によらなければ，その生命若しくは自由を奪はれ，又はその他の刑罰を科せられない。

第32条【裁判を受ける権利】何人も，裁判所において裁判を受ける権利を奪はれない。

第33条【逮捕の要件】何人も，現行犯として逮捕される場合を除いては，権限を有する司法官憲が発し，且つ理由となつてゐる犯罪を明示する令状によらなければ，逮捕されない。

第34条【抑留・拘禁の要件，不法拘禁に対する保障】何人も，理由を直ちに告げられ，且つ，直ちに弁護人に依頼する権利を与へられなければ，抑留又は拘禁されない。又，何人も，正当な理由がなければ，拘禁されず，要求があれば，その理由は，直ちに本人及びその弁護人の出席する公開の法廷で示されなければならない。

第35条【住居の不可侵】① 何人も，その住居，書類及び所持品について，侵入，捜索及び押収を受けることのない権利は，第33条の場合を除いては，正当な理由に基いて発せられ，且つ捜索する場所及び押収する物を明示する令状がなければ，侵されない。

② 捜索又は押収は，権限を有する司法官憲が発する各別の令状により，これを行ふ。

第36条【拷問及び残虐刑の禁止】公務員による拷問及び残虐な刑罰は，絶対にこれを禁ずる。

第37条【刑事被告人の権利】① すべて刑事事件においては，被告人は，公平な裁判所の迅速な公開裁判を受ける権利を有する。

② 刑事被告人は，すべての証人に対して審問する機会を充分に与へられ，又，公費で自己のために強制的手続により証人を求める権利を有する。

③ 刑事被告人は，いかなる場合にも，資格を有する弁護人を依頼することができる。被告人が自らこれを依頼することができないときは，国でこれを附する。

第38条【自己に不利益な供述，自白の証拠能力】① 何人も，自己に不利益な供述を強要されない。

② 強制，拷問若しくは脅迫による自白又は不当に長く抑留若しくは拘禁された後の自白は，これを証拠とすることができない。

③ 何人も，自己に不利益な唯一の証拠が本人の自白である場合には，有罪とされ，又は刑罰を科せられない。

第39条【遡及処罰の禁止・一事不再理】何人も，実行の時に適法であつた行為又は既に無罪とされた行為については，刑事上の責任を問はれない。又，同一の犯罪について，重ねて刑事上の責任を問はれない。

第40条【刑事補償】何人も，抑留又は拘禁された後，無罪の裁判を受けたときは，法律の定めるところにより，国にその補償を求めることができる。

第4章 国 会

第41条【国会の地位・立法権】国会は，国権の最高機関であつて，国の唯一の立法機関である。

第42条【両院制】国会は，衆議院及び参議院の両議院でこれを構成する。

第43条【両議院の組織・代表】① 両議院は，全国民を代表する選挙された議員でこれを組織する。

② 両議院の議員の定数は，法律でこれを定める。

第44条【議員及び選挙人の資格】両議院の議員及びその選挙人の資格は，法律でこれを定める。但し，人種，信条，性別，社会的身分，門地，教育，財産又は収入によって差別してはならない。

第45条【衆議院議員の任期】衆議院議員の任期は，4年とする。但し，衆議院解散の場合には，その期間満了前に終了する。

第46条【参議院議員の任期】参議院議員の任期は，6年とし，3年ごとに議員の半数を改選する。

第47条【選挙に関する事項】選挙区，投票の方法その他両議院の議員の選挙に関する事項は，法律でこれを定める。

第48条【両議院議員兼職の禁止】何人も，同時に両議院の議員たることはできない。

第49条【議員の歳費】両議院の議員は，法律の定めるところにより，国庫から相当額の歳費を受ける。

第50条【議員の不逮捕特権】両議院の議員は，法律の定める場合を除いては，国会の会期中逮捕されず，会期前に逮捕された議員は，その議院の要求があれば，会期中これを釈放しなければならない。

第51条【議員の発言・表決の無責任】両議院の議員は，議院で行つた演説，討論又は表決について，院外で責任を問はれない。

第52条【常会】国会の常会は，毎年1回これを召集する。

第53条【臨時会】内閣は，国会の臨時会の召集を決定することができる。いづれかの議院の総議員の4分の1以上の要求があれば，内閣は，その召集を決定しなければならない。

第54条【衆議院の解散・特別会，参議院の緊急集会】① 衆議院が解散されたときは，解散の日から40日以内に，衆議院議員の総選挙を行ひ，その選挙の日から30日以内に，国会を召集しなければならない。

② 衆議院が解散されたときは，参議院は，同時に閉会となる。但し，内閣は，国に緊急の必要があるときは，参議院の緊急集会を求めることができる。

③ 前項但書の緊急集会において採られた措置は，臨時のものであつて，次の国会開会の後10日以内に，衆議院の同意がない場合には，その効力を失ふ。

第55条【資格争訟の裁判】両議院は，各ゝその議員の資格に関する争訟を裁判する。但し，議員の議席を失はせるには，出席議員の3分の2以上の多数による議決を必要とする。

第56条【定足数，表決】① 両議院は，各ゝその総議員の3分の1以上の出席がなければ，議事を開き議決することができない。

② 両議院の議事は，この憲法に特別の定のある場合を除いては，出席議員の過半数でこれを決し，可否同数のときは，議長の決するところによる。

第57条【会議の公開，会議録，表決の記載】① 両議院の会議は，公開とする。但し，出席議員の3分の2以上の多数で議決したときは，秘密会を開くことができる。

② 両議院は，各ゝその会議の記録を保存し，秘密会の記録の中で特に秘密を要すると認められるもの以外は，これを公表し，且つ一般に頒布しなければならない。

③ 出席議員の5分の1以上の要求があれば，各議員の表決は，これを会議録に記載しなければならない。

第58条【役員の選任，議院規則・懲罰】① 両議院は，各ゝその議長その他の役員を選任する。

② 両議院は，各ゝその会議その他の手続及び内部の規律に関する規則を定め，又，院内の秩序をみだした議員を懲罰することができる。但し，議員を除名するには，出席議員の3分の2以上の多数による議決を必要とする。

第59条【法律案の議決，衆議院の優越】① 法律案は，この憲法に特別の定のある場合を除いては，両議院で可決したとき法律となる。

② 衆議院で可決し，参議院でこれと異なつた議決をした法律案は，衆議院で出席議員の3分の2以上の多数で再び可決したときは，法律となる。

③ 前項の規定は，法律の定めるところにより，衆議院が，両議院の協議会を開くことを求めることを妨げない。

④ 参議院が，衆議院の可決した法律案を受け取つた後，国会休会中の期間を除いて

60 日以内に，議決しないときは，衆議院は，参議院がその法律案を否決したものとみなすことができる。

第60条【衆議院の予算先議，予算議決に関する衆議院の優越】①　予算は，さきに衆議院に提出しなければならない。

②　予算について，参議院で衆議院と異なつた議決をした場合に，法律の定めるところにより，両議院の協議会を開いても意見が一致しないとき，又は参議院が，衆議院の可決した予算を受け取つた後，国会休会中の期間を除いて 30 日以内に，議決しないときは，衆議院の議決を国会の議決とする。

第61条【条約の承認に関する衆議院の優越】条約の締結に必要な国会の承認については，前条第2項の規定を準用する。

第62条【議院の国政調査権】両議院は，各々国政に関する調査を行ひ，これに関して，証人の出頭及び証言並びに記録の提出を要求することができる。

第63条【閣僚の議院出席の権利と義務】内閣総理大臣その他の国務大臣は，両議院の一に議席を有すると有しないとにかかはらず，何時でも議案について発言するため議院に出席することができる。又，答弁又は説明のため出席を求められたときは，出席しなければならない。

第64条【弾劾裁判所】①　国会は，罷免の訴追を受けた裁判官を裁判するため，両議院の議員で組織する弾劾裁判所を設ける。

②　弾劾に関する事項は，法律でこれを定める。

第5章　内　　閣

第65条【行政権】行政権は，内閣に属する。

第66条【内閣の組織，国会に対する連帯責任】①　内閣は，法律の定めるところにより，その首長たる内閣総理大臣及びその他の国務大臣でこれを組織する。

②　内閣総理大臣その他の国務大臣は，文民でなければならない。

③　内閣は，行政権の行使について，国会に対し連帯して責任を負ふ。

第67条【内閣総理大臣の指名，衆議院の優越】①　内閣総理大臣は，国会議員の中から国会の議決で，これを指名する。この指名は，他のすべての案件に先だつて，これを行ふ。

②　衆議院と参議院とが異なつた指名の議決をした場合に，法律の定めるところにより，両議院の協議会を開いても意見が一致しないとき，又は衆議院が指名の議決をした後，国会休会中の期間を除いて 10 日以内に，参議院が，指名の議決をしないときは，衆議院の議決を国会の議決とする。

第68条【国務大臣の任命及び罷免】①　内閣総理大臣は，国務大臣を任命する。但し，その過半数は，国会議員の中から選ばれなければならない。

②　内閣総理大臣は，任意に国務大臣を罷免することができる。

第69条【内閣不信任決議の効果】内閣は，衆議院で不信任の決議案を可決し，又は信任の決議案を否決したときは，10 日以内に衆議院が解散されない限り，総辞職

をしなければならない。

第 70 条【内閣総理大臣の欠缺・新国会の召集と内閣の総辞職】内閣総理大臣が欠けたとき，又は衆議院議員総選挙の後に初めて国会の召集があったときは，内閣は，総辞職をしなければならない。

第 71 条【総辞職後の内閣】前 2 条の場合には，内閣は，あらたに内閣総理大臣が任命されるまで引き続きその職務を行ふ。

第 72 条【内閣総理大臣の職務】内閣総理大臣は，内閣を代表して議案を国会に提出し，一般国務及び外交関係について国会に報告し，並びに行政各部を指揮監督する。

第 73 条【内閣の職務】内閣は，他の一般行政事務の外，左の事務を行ふ。

一　法律を誠実に執行し，国務を総理すること。

二　外交関係を処理すること。

三　条約を締結すること。但し，事前に，時宜によつては事後に，国会の承認を経ることを必要とする。

四　法律の定める基準に従ひ，官吏に関する事務を掌理すること。

五　予算を作成して国会に提出すること。

六　この憲法及び法律の規定を実施するために，政令を制定すること。但し，政令には，特にその法律の委任がある場合を除いては，罰則を設けることができない。

七　大赦，特赦，減刑，刑の執行の免除及び復権を決定すること。

第 74 条【法律・政令の署名】法律及び政令には，すべて主任の国務大臣が署名し，内閣総理大臣が連署することを必要とする。

第 75 条【国務大臣の特典】国務大臣は，その在任中，内閣総理大臣の同意がなければ，訴追されない。但し，これがため，訴追の権利は，害されない。

第 6 章　司　　法

第 76 条【司法権・裁判所，特別裁判所の禁止，裁判官の独立】①　すべて司法権は，最高裁判所及び法律の定めるところにより設置する下級裁判所に属する。

②　特別裁判所は，これを設置することができない。行政機関は，終審として裁判を行ふことができない。

③　すべて裁判官は，その良心に従ひ独立してその職権を行ひ，この憲法及び法律にのみ拘束される。

第 77 条【最高裁判所の規則制定権】①　最高裁判所は，訴訟に関する手続，弁護士，裁判所の内部規律及び司法事務処理に関する事項について，規則を定める権限を有する。

②　検察官は，最高裁判所の定める規則に従はなければならない。

③　最高裁判所は，下級裁判所に関する規則を定める権限を，下級裁判所に委任することができる。

第 78 条【裁判官の身分の保障】裁判官は，裁判により，心身の故障のために職務を執ることができないと決定された場合を除いては，公の弾劾によらなければ罷免さ

れない。裁判官の懲戒処分は，行政機関がこれを行ふことはできない。

第79条【最高裁判所の裁判官，国民審査，定年，報酬】① 最高裁判所は，その長たる裁判官及び法律の定める員数のその他の裁判官でこれを構成し，その長たる裁判官以外の裁判官は，内閣でこれを任命する。

② 最高裁判所の裁判官の任命は，その任命後初めて行はれる衆議院議員総選挙の際国民の審査に付し，その後10年を経過した後初めて行はれる衆議院議員総選挙の際更に審査に付し，その後も同様とする。

③ 前項の場合において，投票者の多数が裁判官の罷免を可とするときは，その裁判官は，罷免される。

④ 審査に関する事項は，法律でこれを定める。

⑤ 最高裁判所の裁判官は，法律の定める年齢に達した時に退官する。

⑥ 最高裁判所の裁判官は，すべて定期に相当額の報酬を受ける。この報酬は，在任中，これを減額することができない。

第80条【下級裁判所の裁判官・任期・定年，報酬】① 下級裁判所の裁判官は，最高裁判所の指名した者の名簿によつて，内閣でこれを任命する。その裁判官は，任期を10年とし，再任されることができる。但し，法律の定める年齢に達した時には退官する。

② 下級裁判所の裁判官は，すべて定期に相当額の報酬を受ける。この報酬は，在任中，これを減額することができない。

第81条【法令審査権と最高裁判所】最高裁判所は，一切の法律，命令，規則又は処分が憲法に適合するかしないかを決定する権限を有する終審裁判所である。

第82条【裁判の公開】① 裁判の対審及び判決は，公開法廷でこれを行ふ。

② 裁判所が，裁判官の全員一致で，公の秩序又は善良の風俗を害する虞があると決した場合には，対審は，公開しないでこれを行ふことができる。但し，政治犯罪，出版に関する犯罪又はこの憲法第3章で保障する国民の権利が問題となつてゐる事件の対審は，常にこれを公開しなければならない。

第7章 財 政

第83条【財政処理の基本原則】国の財政を処理する権限は，国会の議決に基いて，これを行使しなければならない。

第84条【課税】あらたに租税を課し，又は現行の租税を変更するには，法律又は法律の定める条件によることを必要とする。

第85条【国費の支出及び国の債務負担】国費を支出し，又は国が債務を負担するには，国会の議決に基くことを必要とする。

第86条【予算】内閣は，毎会計年度の予算を作成し，国会に提出して，その審議を受け議決を経なければならない。

第87条【予備費】① 予見し難い予算の不足に充てるため，国会の議決に基いて予備費を設け，内閣の責任でこれを支出することができる。

② すべて予備費の支出については，内閣は，事後に国会の承諾を得なければならない。

第88条【皇室財産・皇室の費用】すべて皇室財産は，国に属する。すべて皇室の費用は，予算に計上して国会の議決を経なければならない。

第89条【公の財産の支出又は利用の制限】公金その他の公の財産は，宗教上の組織若しくは団体の使用，便益若しくは維持のため，又は公の支配に属しない慈善，教育若しくは博愛の事業に対し，これを支出し，又はその利用に供してはならない。

第90条【決算検査，会計検査院】① 国の収入支出の決算は，すべて毎年会計検査院がこれを検査し，内閣は，次の年度に，その検査報告とともに，これを国会に提出しなければならない。

② 会計検査院の組織及び権限は，法律でこれを定める。

第91条【財政状況の報告】内閣は，国会及び国民に対し，定期に，少くとも毎年1回，国の財政状況について報告しなければならない。

第8章　地方自治

第92条【地方自治の基本原則】地方公共団体の組織及び運営に関する事項は，地方自治の本旨に基いて，法律でこれを定める。

第93条【地方公共団体の機関，その直接選挙】① 地方公共団体には，法律の定めるところにより，その議事機関として議会を設置する。

② 地方公共団体の長，その議会の議員及び法律の定めるその他の吏員は，その地方公共団体の住民が，直接これを選挙する。

第94条【地方公共団体の権能】地方公共団体は，その財産を管理し，事務を処理し，及び行政を執行する権能を有し，法律の範囲内で条例を制定することができる。

第95条【特別法の住民投票】一の地方公共団体のみに適用される特別法は，法律の定めるところにより，その地方公共団体の住民の投票においてその過半数の同意を得なければ，国会は，これを制定することができない。

第9章　改　　正

第96条【改正の手続，その公布】① この憲法の改正は，各議院の総議員の3分の2以上の賛成で，国会が，これを発議し，国民に提案してその承認を経なければならない。この承認には，特別の国民投票又は国会の定める選挙の際行はれる投票において，その過半数の賛成を必要とする。

② 憲法改正について前項の承認を経たときは，天皇は，国民の名で，この憲法と一体を成すものとして，直ちにこれを公布する。

第10章　最高法規

第97条【基本的人権の本質】この憲法が日本国民に保障する基本的人権は，人類の多年にわたる自由獲得の努力の成果であつて，これらの権利は，過去幾多の試錬に

堪へ，現在及び将来の国民に対し，侵すことのできない永久の権利として信託され
たものである。

第 98 条【最高法規，条約及び国際法規の遵守】①　この憲法は，国の最高法規であ
つて，その条規に反する法律，命令，詔勅及び国務に関するその他の行為の全部又
は一部は，その効力を有しない。

②　日本国が締結した条約及び確立された国際法規は，これを誠実に遵守することを
必要とする。

第 99 条【憲法尊重擁護の義務】天皇又は摂政及び国務大臣，国会議員，裁判官その
他の公務員は，この憲法を尊重し擁護する義務を負ふ。

第 11 章　補　　則

第 100 条【憲法施行期日，準備手続】①　この憲法は，公布の日から起算して 6 箇月
を経過した日（昭和 22・5・3）から，これを施行する。

②　この憲法を施行するために必要な法律の制定，参議院議員の選挙及び国会召集の
手続並びにこの憲法を施行するために必要な準備手続は，前項の期日よりも前に，
これを行ふことができる。

第 101 条【経過規定―参議院未成立の間の国会】この憲法施行の際，参議院がまだ成
立してゐないときは，その成立するまでの間，衆議院は，国会としての権限を行ふ。

第 102 条【同前―第一期の参議院議員の任期】この憲法による第一期の参議院議員の
うち，その半数の者の任期は，これを 3 年とする。その議員は，法律の定めるとこ
ろにより，これを定める。

第 103 条【同前―公務員の地位】この憲法施行の際現に在職する国務大臣，衆議院議
員及び裁判官並びにその他の公務員で，その地位に相応する地位がこの憲法で認め
られてゐる者は，法律で特別の定をした場合を除いては，この憲法施行のため，当
然にはその地位を失ふことはない。但し，この憲法によつて，後任者が選挙又は任
命されたときは，当然その地位を失ふ。

いちばんやさしい
憲法入門〔第6版〕

ARMA
有斐閣アルマ

1996 年 3 月 30 日	初 版第 1 刷発行
2000 年 3 月 30 日	第 2 版第 1 刷発行
2005 年 3 月 30 日	第 3 版第 1 刷発行
2010 年 3 月 15 日	第 4 版第 1 刷発行
2014 年 3 月 30 日	第 4 版補訂版第 1 刷発行
2017 年 4 月 15 日	第 5 版第 1 刷発行
2020 年 3 月 20 日	第 6 版第 1 刷発行
2023 年 1 月 20 日	第 6 版第 7 刷発行

著　者　　初宿　正典
　　　　　高橋　正俊
　　　　　米沢　広一
　　　　　棟居　快行

発 行 者　　江草　貞治

発 行 所　　株式会社　有　斐　閣
　　　　　　郵便番号　101-0051
　　　　　　東京都千代田区神田神保町 2-17
　　　　　　http://www.yuhikaku.co.jp/

印刷・株式会社理想社／製本・大口製本印刷株式会社
© 2020, 初宿正典・高橋郷子・米沢広一・棟居快行. Printed in Japan
落丁・乱丁本はお取替えいたします。
★定価はカバーに表示してあります。

ISBN 978-4-641-22150-5